U0367577

王　坤 主　编
黄　涛
顾剑平 副主编

科学健身运动科普书

爱运动 爱健康的一家人

上海交通大学 出版社
SHANGHAI JIAO TONG UNIVERSITY PRESS

内容提要

本书以一个三代六口之家为背景，将家庭运动健身的基础知识融入日常生活场景中，以此向读者传递关于健身和运动的科学知识与实践方法，旨在帮助读者建立正确的运动健康理念，更好地理解和应用健身知识，体验运动的乐趣，提升健身效率与效果。本书包括基本运动原则、常见运动误区、运动热身和拉伸、运动与减肥、运动与营养、运动损伤预防与康复，以及常见运动项目指导等内容。本书适合大众读者阅读。

图书在版编目（CIP）数据

爱运动、爱健康的一家人 / 王坤主编. -- 上海：上海交通大学出版社，2024.1
ISBN 978－7－313－30113－0

Ⅰ.①爱… Ⅱ.①王… Ⅲ.①健身运动－基本知识
Ⅳ.①G883

中国国家版本馆 CIP 数据核字（2024）第 036912 号

爱运动、爱健康的一家人
AI YUNDONG、AI JIANKNAG DE YIJIAREN

主 编：王 坤				
出版发行：上海交通大学出版社		地 址：上海市番禺路 951 号		
邮政编码：200030		电 话：021－64071208		
印 制：上海景条印刷有限公司		经 销：全国新华书店		
开 本：880 mm×1230 mm 1/32		印 张：8.375		
字 数：155 千字				
版 次：2024 年 1 月第 1 版		印 次：2024 年 1 月第 1 次印刷		
书 号：ISBN 978－7－313－30113－0				
定 价：68.00 元				

编委会名单

主　编　王　坤

副主编　黄　涛　顾剑平

编写组成员　王会儒　陈天乐

　　　　　　赵景磊　张哲敏　王学彬

　　　　　　宋　顺　眭　禄　赵　影

　　　　　　缪　律　朱安洲

前 言

"没有全民健康，就没有全面小康。"党的十八大以来，以习近平同志为核心的党中央坚持以人民为中心，把人民健康放在优先发展的战略地位，努力全方位全周期保障人民健康，加快建立完善制度体系，保障公共卫生安全，加快形成有利于健康的生活方式、生产方式、经济社会发展模式和治理模式，实现健康和经济社会良性协调发展，将"全民健身""健康中国"上升为国家战略。

适当的运动锻炼在慢性病防治中发挥着传统医学手段和药物治疗不可取代的作用。指导居民科学健身锻炼，多措并举促进居民身体活动水平的提升，是建设"健康中国"的必然要求。随着"全民健身""健康中国"国家战略的推广和实施，大众对精准化的科学健身知识和锻炼方法的需求越来越迫切。然而，现在网络上充斥着各类健身运动知识，而这些知识存在着信息碎片化、多元化、不准确等问题，导致很多人对健身知识或运动锻炼方法存在一定的认知误区。《"健康中国2030"规划纲要》指出，要"继续制定实施全民健身计划，普及科学健身知识和健身方法，推动全民健身生活化"。

在此背景下，本书向读者传递关于健身和运动的科学知识与实践方法，帮助读者更好地理解和应用健身知识。通过科学的健身知识和健身运动方法，本书旨在帮助读者建立正确的运动健康理念，提升健身效率和效果，体验运动的乐趣，养成终身体育锻炼的习惯，进而有助于推动全民健身，提高全民的身体素质和健康水平。

本书紧扣运动健康基本知识和方法以及大众健身运动中的常见问题和疑惑，分别从儿童、成年人和老年人的视角出发，通过一个个日常生活中的小故事引导读者思考和探索不同的健身运动知识与运动健康话题；同时，本书会分享一些关于健身运动的基本原则、常见误区和运动健身建议等知识。本书小故事的主题包括但不限于：

运动是把"双刃剑"吗？

运动真能减肥吗？

仰卧起坐真能减少腹部脂肪吗？

我们需要运动多久才能消耗掉一个汉堡的热量？

血糖升高后该怎么运动？

跳绳有助于长高吗？

儿童青少年应该进行肌肉力量练习吗?

……

　　无论您是运动健身的初学者,还是经验丰富的健身爱好者,无论您的目标是增肌、减脂,还是提升体能、改善睡眠,本书所涵盖的这些话题可能正是您日常健身锻炼中所碰到的疑惑。

　　健身运动之旅是一场长途旅行,掌握科学的运动健身方法、享受运动锻炼过程、保持积极的心态是坚持健身运动的重要因素。

　　生命在于运动,运动需要科学,希望这本书的故事和知识点能够给广大读者带来启发与思考,能使广大读者在健身运动的道路上有所收获。

故事背景

本书塑造了一个幸福的三代六口之家。在这个家庭中，爸爸叫曾致远，妈妈叫林思媛，两个孩子分别叫曾小婷和曾小飞，还有祖父曾爷爷和祖母叶奶奶。这个家庭的每个成员都对运动健康有着深深的热情，他们相信运动是保持身心健康的关键。

曾致远——41岁，某高校的一名体育教师。喜欢运动，掌握着运动健身的专业知识和方法，乐于将运动健康知识分享给家人和朋友。

林思媛——40岁，某医院的一名医生。热爱生活，工作认真严谨，掌握大量医学知识。工作繁忙，但是爱美之心也促使她坚持锻炼，保持良好的身体状态。

曾小飞——10岁，活泼好动的男孩子。6岁开始学习打篮球，从最初连篮球都不会拍，到后来能够运球和投篮，甚至参加比赛还获得过"最佳球员"的荣誉。

曾小婷——8 岁，机灵可爱的小女孩。虽然她年纪小，但做事有毅力，自从接触游泳后就坚持不懈，游泳水平现在已经超过同龄孩子，身体抵抗力也比以前增强了不少。

曾爷爷——65 岁，退休工人。性格开朗直率，爱读武侠小说，爱看时事新闻，运动锻炼是退休生活的重要部分。

叶奶奶——62 岁，退休教师。为人随和，热心肠，爱交朋友，经常和小区的老年人一起散步和锻炼。

本书记载的是这一家六口每个人各自的运动故事，有经验也有困惑，他们一起相互鼓励、互相学习，共同探索健身运动的知识。

目 录

1   运动是把"双刃剑"吗？_1

2   每个人都适合跑马拉松吗？_12

3   运动可以提高机体的"抵抗力"吗？_23

4   运动真能减肥吗？_33

5   高强度间歇性训练与中等强度持续性训练，哪个健身效果更好？_47

6   我们需要运动多久才能消耗掉一个汉堡的热量？_59

7   仰卧起坐真能减少腹部脂肪吗？_72

8   广场舞为什么这么受欢迎？_80

9   饭后百步走，我到底该怎么走？_91

10   最年长的体操运动员是谁？_103

11   太极拳、八段锦等民族传统体育运动强度够吗？_113

12   血糖升高后该怎么运动？_123

13   运动有助于睡眠吗？_134

14   "瑜伽病"是怎么回事儿？_144

15　我该不该做个运动"周末勇士"？_ 155

16　过长的屏幕时间有害健康吗？_ 163

17　你知道爱因斯坦喜欢什么运动吗？_ 175

18　儿童青少年应该进行肌肉力量练习吗？_ 185

19　跳绳有助于长高吗？_ 197

20　运动有助于儿童青少年防控近视吗？_ 209

21　运动时该不该听音乐？_ 216

参考文献 _ 226

运动是把『双刃剑』吗？

　　曾爷爷是个武侠迷，最喜欢金庸先生的武侠小说，在陪小飞和小婷玩的时候，经常给他们讲述这些武侠故事。小飞和小婷时常被扣人心弦的故事情节深深地吸引。恰逢暑假期间，电视台经常播放武侠剧，小飞和小婷就和曾爷爷一起看，渐渐地他们也成了武侠迷，尤其是小飞，经常嚷嚷着让曾爷爷给他讲武侠故事。

　　暑假的一天下午，曾爷爷和叶奶奶锻炼后回到家中，叶奶奶去厨房准备晚饭，曾爷爷带着小飞和小婷看电视剧。不一会儿，他们就被剧中精彩的武打场面以及炫目的特效吸引。

　　就在此时，小飞问曾爷爷："爷爷，这是什么武功？为什么如此厉害？"

　　曾爷爷回答道："电视里讲，这是一门极其凶险的武功，对练功者自身修为要求极高，稍有不慎便会走火入魔。因此，对习武之人来说，此武功是一把双刃剑。"

　　在曾爷爷提到"双刃剑"一词时，小飞突然一愣，接着说道："好像我们体育老师说过，运动也是一把双刃剑，我当时还不知道是什么意思。"

　　曾爷爷思考片刻后回应道："你们老师说得有道理，职业运动员就是一个很明显的例子。运动员虽然有很强大的身体机能，但是由于长期的训练对身体造成了一些损伤。很多运动员都被迫与运动损伤长期做斗争，有些世界顶级的优秀运动员最终也是因为运动损伤而不得不终止运动生涯。"

　　正说着，曾致远和林思媛下班回来了。此时，叶奶奶也做好了饭菜，便准备叫大家一起吃饭。晚饭期间大家会分享当日一些有趣的事情，一家人其乐融融。曾爷爷也将自己的问题与大家分享："最近有个问题一直困扰着我，我们都知道运动对身体健康有益，那么如果运动不当或者运动过量是否会对身体造成伤害？"

　　这个问题让曾致远和林思媛陷入了思考。曾致远是高校体育学教师，熟悉体育运动方面相关的研究；林思媛是一名医生，非常注重药物处方和运动处方相结合的疗法。他们在工作中一方面提醒他人注重体育锻炼，另一方面指导他人正确地进行体育锻炼，避免运动过量和不当行为带来的危险。

　　林思媛说："运动的好处是显而易见的，研究表明，适当的运动和体力活动可以降低缺血性心脏病、脑卒中、糖尿病、乳腺癌和结肠癌等一些疾病的发病率，也可以降低血压、提高胰岛素敏感性，在体重管理中发挥着重要的作用。对于老年人而言，运动可以增强骨密度从而降低跌倒的风险。运动还可以改善认知功能，降低患阿尔茨海默病的风险。同时，运动也可以预防和改善轻度至中度抑郁症及焦虑症。"

曾爷爷听后连连点头并说："前提应该是适当的运动。"

"适当的运动很重要，那么如果运动不当或者运动过量，是不是会有风险？"叶奶奶问道。

曾致远说："适当的运动非常重要。虽然适当的运动和体力活动有很多益处，但是不当的运动和体力活动会增加肌肉与骨骼损伤的风险。例如，剧烈运动有可能引发心源性猝死和急性心肌梗死，虽然一个健康的个体在进行中等强度体力活动时心源性猝死和急性心肌梗死的风险很低，但是进行高强度运动时，心源性猝死和急性心肌梗死的风险会短暂地快速上升。"

曾致远继续解释道："很多人只注重运动，却没有合理地进行休息。例如运动后的拉伸往往是被大家忽视的，拉伸放松可以帮助减少运动后的疲劳，从而降低运动损伤的风险。同时，休息和睡眠的重要性也常常被忽视。在休息不充分、睡眠不足的情况下进行体育运动也是非常危险的，同样可以被视为不当运动。因此，结合自身情况，科学适当运动的效果更佳。"

曾爷爷脸色凝重地说道："之前还看到了一些运动员猝死的新闻。"

"不当运动的确会诱发心血管疾病意外，研究表明，过度的体力消耗可能会引发急性心肌梗死，尤其是对于久坐人群，因此我们一方面要避免久坐，另一方面要合理地控制运动负荷和运动时间。"林思媛补充道。

叶奶奶点了点头说道："看来运动锻炼不仅要掌握好尺度，更要合理安排运动时间和运动强度。如果因为不当运动或者过量运动造成身体损害，就得不偿失了。"听完曾致远和林思媛的话，曾爷爷仍有些疑惑："运动强度到底控制在什么范围内是最合适的？"

林思媛回答道："我们可以根据世界卫生组织关于身体活动和久坐行为指南的建议来控制运动量。18～64 岁的成人应进行有规律的体育运动，每周至少应进行 150～300 分钟的中等强度有氧运动，或 75～150 分钟的高强度有氧运动，或中等强度和高强度运动的同等组合，以获得实质性的健康益处；同时还应该在一周中有两天或两天以上的时间进行中等或更高强度的肌肉强化活动，包括所有主要肌肉群，因为这些活动对健康有额外的好处。65 岁以上的老年人应该做多种类型的身体活动，如功能平衡和中等或更高强度的力量训练，频率可控制为每周三天或更多天，以增强身体功能和防止跌倒。"

叶奶奶有些疑惑地问："怎么了解我们在运动中是处于低强度、中等强度还是高强度状态呢？"

曾致远解释道："我们可以通过主观感受或客观测量的方式监控运动强度。主观测量的方式可以根据自身感觉或是否可以进行交谈来判断。比如，在进行低强度运动时，可以轻松交谈，也能唱歌；进行中等强度体力活动时，可以说话交谈，但不能唱歌；进行高强度运动时，则不能说出完整的句子。"

这时，林思媛从她的包里拿出了运动手环并说道："爸、妈，我给你们买了运动手环，你们可以通过监测心率的方式来控制运动强度。我们自己的最大心率的估算方法为220减去年龄，中等运动的心率则在最大心率的55%～70%。有了运动手环，你们能够实时监测自己的心率，就能更加安全地去锻炼。"

曾爷爷和叶奶奶接过手环，叶奶奶开心地说道："这下终于可以更加方便地监控自己的运动强度了。"

听完曾致远和林思媛的一席话，一家人清楚地认识到了适当运动的益处，也明白了不当运动以及过量运动所带来的危害。更重要的是，他们了解了控制运动负荷和监测运动强度的方法，这对他们的日常锻炼起到至关重要的作用。

◎ 基础知识点

1. 运动强度监控

运动强度对于锻炼效果起着重要的作用，因此运动者应该学会监控运动时的运动强度，常见的运动强度评估方法包括测量心率（脉搏）和评定主观体力感觉等。根据文献资料，低强度运动的心率一般为个体最大心率的40%～55%，中等强度的心率为最大心率的 55% ~ 70%，高强度的心率为最大心率的 70% 及以上。对于健康个体而言，最大心率的估算方法为：220 减去年龄。例如，一个 20 岁的健康青年，最大心率估计为 200 次/分钟。那么，其中等强度运动心率的范围为 110~140 次/分钟。在实际运动过程中，运动者可以通过心率表或脉搏监控自己的心率，控制在目标心率范围内。

运动时的主观体力感觉可以很好地反映运动时的强度，目前广泛使用的可用于自主评定运动强度的量表为瑞典生理学家冈纳·博格（Gunnar Borg）编制的主观体力感觉量表（rating of perceived exertion），又叫 RPE 等级量表。表 1 - 1 是 15 等级 RPE 量表，每个 RPE 等级对应相应的主观体力感觉，而且每个等级跟心率之间存在正相关。因此，可根据自己的主观体力感觉来判断 RPE 等级，进而估计运动的强度。当进行中等强度运动时，主观体力感觉等级可控制在 12~15。

表 1 - 1 主观体力感觉量表 （ RPE 等级量表 ）

RPE 等级	主观体力感觉
6	一点也不费力
7 8	非常轻松
9	很轻松

RPE 等级	主观体力感觉
10 11	轻松
12 13 14	稍费力
15 16	费力
17 18	很费力
19 20	非常费力

2. 运动安全

一般情况下，对于大多数人来说，中等强度的适量运动通常是安全的。然而，过度运动、过度紧张、身体不适或不当运动等可能引起某些运动伤害或运动损伤。下面列出了一些常见的运动伤害和损伤。

（1）肌肉、关节和骨骼问题是运动引起的最常见损伤，包括不同部位的肌肉筋膜伤、肌腱及腱鞘伤、韧带及关节囊损伤、骨折、疲劳性骨膜炎、半月板损伤、肩袖损伤等。

（2）虽然规律的适当运动可以改善心血管功能，降低心血管疾病风险。但是，在极少数情况下，运动可能会引发心血管事件，比如心绞痛、严重的心律失常、心源性猝死。值得注意的是，年轻人和老年人都有发生严重心血管事件的风险。对于年轻人来讲，引起心源性猝死的常见心血管异常包括肥厚型心肌病、冠状动脉异常、主动脉狭窄、主动脉夹层和破裂（通常与马方综合征有关）、二尖瓣脱垂、各种心律不齐及心肌炎等。除马方综合征（主动脉破裂是最常见的原因）外，室性心律失常是引起死亡的直接原因。以前无临床症状的老年人发生心源性猝死的原因通常是急性冠状动脉斑块破裂伴随着急性血栓闭塞。

（3）在炎热的天气或长时间剧烈的运动锻炼期间，运动性脱水、运动性中暑等也是需要关注的问题，以避免引发严重伤害。在户外极端环境或天气下进行越野跑等运动时，也应注意失温的防护。

◎ 常见误区

1. 运动前可以不进行热身和拉伸

这个观点和行为是错误的。很多健身运动参与者往往注重运动中的锻炼方案（比如项目和强度的选择），而忽略了运动前的热身和运动后的放松拉伸，因此增加了运动损伤发生的可能性。

多年来的研究表明，充分的热身活动可以起到提升肌肉温度、增加血液供应、降低肌肉黏滞度等作用，动员机体的各项功能处于运动的准备状态，进而降低运动损伤的风险。运动后有必要进行适当的放松和拉伸，帮助调节紧张的肌肉逐渐放松，恢复血压和心率，有助于机体的恢复。因此，运动前的热身和运动后的放松活动，应该作为健身运动计划的一个重要部分。

2. 只要想运动就可以随时运动

这个观点是不正确的。虽然运动有助于身心健康，但是并不是说什么情况下都可以进行运动。在运动前或运动时一定要关注自己的身体状态，如果身体处于过度疲劳、劳累不适的状态时，应该适当休息，待身体状态恢复后再进行运动。如处于感冒、发烧等情况之下也应注意休息，不应进行运动。同时，当身体有慢性疾病时，参与运动前应寻求相关医生的建议。

◎ 科学健身建议

1. 重视运动前的健康风险筛查

为了在健身运动中最大限度地获得健康收益、规避风险，进行运动前的健康风险评估筛查是十分必要的，应主动寻求医生及运动处方师的建议，制订适当的运动方案。运动前健康评估筛查的目的在于确认已知的疾病及与心血管疾病有关的风险因素，评估生活方式中可能需要特殊考虑的因素。

2. 注意监控运动强度

建议通过心率测量和主观感觉等方式监控运动强度。

3. 重视热身活动和运动后的拉伸

注重运动前的热身活动和运动后的拉伸，应将其提升至与健身运动项目同等重要的高度。

4. 慢性病患者健身运动注意事项

适当的身体活动对于慢性病（肥胖、糖尿病、心脑血管疾病、某些癌症等）有积极的作用。但是，与一般人群相比，慢性病患者进行健身运动时更加需要注意避免运动伤害的风险，并要考虑一些特殊情况。如不恰当的运动可能导致心血管急症和代谢急症，因缺乏保护造成运动伤害，因所服用的治疗药物与身体活动之间存在相互影响导致不良事件等。此外，年龄、性别、病程长短、病前体能水平、职业、心理状态等，也可能影响身体活动的安全和有效进行。

2

每个人都适合跑马拉松吗？

　　周六的上午，阳光明媚，曾致远一家决定去人民广场游玩。一家人吃过早饭，就开车往人民广场方向驶去。接近外滩广场时，曾致远发现前面封路了。这时，小飞坐在车里透过车窗激动地大喊："爸爸、妈妈、小婷，你们快看，那边怎么有很多人在跑步呀?"

　　曾致远突然想起什么，说道："对了，今天可是一年一度的马拉松比赛！有来自全球的很多选手参加，这可是顶级的 P 级赛事。"

　　小婷不解地问道："爸爸，什么是 P 级赛事呀?"

　　"这个 P 级赛事是指在全球具有巨大影响力的赛事，上海的 ATP 网球大师赛、F1 方程式赛车，以及上海马拉松比赛都被评为顶级赛事。这些赛事为中国迈向体育强国和上海城市形象的全球性传播都做出了重要贡献。"曾致远耐心地解释道。

　　小飞激动地说："这也太酷了！爸爸我好想和他们一起在马路上奔跑，下次我们报名一起参加好不好?"

　　林思媛则笑着说道："小飞，跑马拉松可不能一时兴起哟，并不是每个人都适合跑马拉松。你看那些飞快奔跑的选手，他们可都是经过严格的训练和精心的准备才参加比赛的。而且，你知道什么是马拉松吗？马拉松需要跑多远呢？"

听完林思媛的问题，一直没说话的小婷开口问道："对呀，我感觉我对马拉松一无所知，别说参加了，我都不知道这项比赛为什么叫马拉松？是以人名还是地名命名的？"

小飞大笑，说道："还有你不知道的事啊？哈哈哈，这可难不倒我。在学校的时候，体育老师专门给我们讲过马拉松运动的知识。就让我来告诉你吧。"

"马拉松起源于公元前490年9月12日发生的一场战役。这场战役是波斯人和雅典人在离雅典不远的马拉松海边发生的，史称希波战争，雅典人最终获得了这场战争的胜利。为了让故乡人民尽快知道胜利的喜讯，统帅米勒狄派一名叫菲迪皮茨的士兵回去报信。菲迪皮茨是个有名的'飞毛腿'，为了让故乡人民尽早知道这个好消息，他拼命地跑，当他跑到雅典时，体力已经透支了，在说完'我们胜利了'之后，就不幸倒下再也没站起来。为了纪念这一事件，在1896年举行的第一届奥林匹克运动会就设立了马拉松赛跑这个项目，把当年菲迪皮茨送信跑的里程——42.195公里作为比赛的距离。"小飞讲完后得到了全家人的掌声和称赞。

小婷佩服地说道："厉害呀你，这次是你知道的比我多了。我开始还以为马拉松是个人名，但没想到是个地名，说的我也想参加马拉松跑了，但是得跑完40多公里，这也太难了！"

"是的，小婷。马拉松是一项高负荷、大强度且长距离的竞技运动，也是一项高风险的竞技项目，对参赛者的身体状况有较高的要求。参赛者需身体健康，有经常性参加跑步锻炼或训练的基础才行。马拉松比赛分为全程马拉松（42.195 公里）、半程马拉松（21.097 5 公里）、迷你马拉松（约 5 公里）和欢乐跑（约 2 公里，2~4 人为一组）。参赛者应根据自己的身体状况和训练水平，选择全程马拉松、半程马拉松、迷你马拉松和欢乐跑中的一个项目报名参加。切记不可逞能，否则完成不了比赛还有可能会出现危险。"曾致远严肃地回答。

小飞听完点点头说："我明白了，爸爸，看来什么事情都不是一蹴而就。想要体验马拉松运动的乐趣，就一定要有健康的身体和经常跑步锻炼的习惯。不然，盲目参赛可能带来严重的后果。"

曾致远欣慰地摸了摸小飞的头，说道："是的，不过我们可以从迷你马拉松和家庭欢乐跑开始。"

机灵鬼小婷又抛出了一个问题："爸爸，你说这些运动员跑这么远的距离，这么长时间，他们都不需要喝水的吗？"

曾致远点点头："这个问题很好。42.195 公里的距离对于人类来说，是一次对体能极限的挑战。在比赛中，运动员会从路边补给站获取一些水。在比赛的起点和终点都提供水和其他饮料，补给站在比赛路线上每隔几公里设置一个。饮料放在运动员经过时很容易拿到的地方。除了已经设置的站点之外，运动员不能从比赛线路上的其他地方获得饮料。也许一些观看比赛的观众出于好心，会将自己手中的水递给运动员，但是有时这个举动不仅不能帮助运动员，反而会导致他们被判犯规甚至出局。"

小婷惊呼道："原来马拉松比赛还有这么多的规则呀。看来想参加比赛真的要好好学习一下。"

"对呀对呀。我们如果真的要参加比赛，那就要制订训练计划，学习科学跑步的知识。这个任务就交给我们的教练爸爸了，哈哈！"小飞开心地说道。

曾致远高兴地回答道："没问题，跑步确实是一门学问，科学的跑步和训练才能给我们带来健康和快乐。希望明年我们能够全家参加欢乐跑或者迷你马拉松，并跑出好的成绩！"

◎ 基础知识点

跑步与健康

跑步是最为常见的健身运动方式之一，相较于其他运动方式，适宜的人群范围更广，年龄限制小。跑步过程中可以锻炼到的肌肉包括股四头肌、腘绳肌群、臀肌、髂腰肌、胫骨前肌、腓肠肌和比目鱼肌等。在进行中低强度跑步时，机体以有氧代谢功能为主，因此属于有氧运动。目前已有大量的研究表明，长期规律的跑步（如慢跑等）可以提高心肺耐力和心血管功能，改善体成分和代谢，促进骨健康等。比如，最近有大规模的跟踪研究分析了 23 万人的数据，结果显示参与跑步使得全因、心血管和癌症死亡风险分别降低 27%、30% 和 23%。而且，数据表明即使每周只跑步一次，也会对身体带来一定的益处。另外，跑步等有氧运动可以给人带来愉悦感，在心理健康方面也有积极作用，比如降低焦虑和抑郁症状等。对于老年人来讲，长期跑步等有氧运动也有助于促进脑健康，延缓老年人认知功能的下降。

◎ 常见误区

1. 跑得越长和越久，健康获益越大

这种观点是错误的。虽然跑步与其他运动相比更容易开展，也不需要专业的运动器械和技术，随时随地可以进行，但凡事均应有度，过度运动则不会促进身体健康。

近年来，有一些研究探讨了跑步与疾病风险的量效关系，适量的跑步运动可以降低全因死亡风险，但是参与更多的跑步运动并没有带来更大的健康效益。因此，并不是跑得越长和越久，健康获益越大。一般的健身爱好者可参考世界卫生组织的建议，每周进行至少 150~300 分钟的中等强度有氧运动或 75~150 分钟的高强度有氧运动。

需要关注的是，过度的跑步运动可能会给身体带来一定的伤

害，比如造成骨骼肌机能下降，有时在连续过量运动的情况下，还会造成骨骼与肌肉损伤，甚至导致横纹肌溶解症的发生。同时人们在过量运动时，心脏的负担也会增加，可能会导致心动过速，从而引发心律失常和心肌炎，严重时会发生心源性猝死。长时间的高强度运动会导致身体的免疫功能受到抑制，增加机体上呼吸道感染和其他病毒性感染风险，可能出现全身乏力、体重下降、易感冒、肺炎和胃肠道感染等疾病。跑步过度会导致机体大量出汗，肾血流量减少，尿液浓缩，还有可能导致肾脏急性受损。

2. 跑步一定会伤膝关节

这个说法也是有问题的。不当的跑步动作、不正确的触地方式，以及过度的跑步有可能给膝关节造成较大的冲击力，引发膝关节损伤，比如导致髌骨疼痛综合征。在跑步时应采用正确的跑步动作，脚着地时使用"脚跟—脚掌"的触地方式，避免跑步时脚拍打地面，减少来自地面的冲击力。

有研究探讨了不同类型跑步参与者的关节炎发病风险。2017年，美国康复医学权威杂志《矫形外科与运动疗法杂志》（*Journal of Orthopaedic & Sports Physical Therapy*）上发表的文章探讨了不同人群发生关节炎的风险。这项元分析文章纳入分析 11.5 万人的数据，发现竞技跑步者（包括经常参加竞技比赛和专业水平比赛的运动员）的关节炎发生率为 13.3%，久坐不动人群的关节炎发生率为 10.2%，而健身跑步者的关节炎发生率仅为 3.5%。因此，研究人员指出，适当的健身跑步是一项健康的锻炼方式，对膝盖和髋部的健康有好处。久坐或者不跑步的人膝盖和髋部的关节炎风险有所上升，但是过量和高强度的跑步可能会引发关节问题。

◎ 科学健身建议

1. 跑步动作一般性建议

跑步这种以有氧代谢为主的运动方式在提高机体代谢水平，提高心肺耐力，改善心血管功能等方面已得到普遍认可。跑步和走路一样看似简单，实际上也有一些动作需注意。美国国家体能协会相关指南对跑步的动作提出了以下建议：跑步时应头部直立、肩膀放松，躯干在髋关节上方保持平衡，并且使用"脚跟—脚掌"的触地方式，具体动作就是脚跟先着地，然后身体重量通过轻微的传递动作分布在脚上其他部位。长跑时应手臂下垂，肩膀放松，肘部弯曲。前摆时，双手达到胸部高度。后摆时，双手到达身体侧面的髋关节的位置。手臂和手也会稍微向内移动，但是手不能超过身体的中线。手腕应该放松，但不能太松。另外，跑步速度取决于步幅和步频。提高步幅的最佳方法是通过提高肌肉力量来增加后腿的驱动力，并通过柔韧性练习来增大活动范围。

为增加步频，应采取更快、更柔和的放松步伐。

2. 跑步时应该注意的事项

（1）在开始跑步锻炼之前，应关注和检查身体状况。随着年龄的增长，人们患心血管疾病的风险也随之增大，所以在进行长时间高强度运动前应进行健康筛查，排除可能存在的风险，结合自身健康状况再进行运动。北京医院的汪芳教授牵头发布了《运动相关心血管事件风险的评估与监测中国专家共识》，从专业的角度提出了防控运动相关心血管意外的建议。该共识指出，对于初始运动、新发症状、拟提升运动强度的人，推荐进行心血管危险分层及相应的评估流程。[①]

（2）风险分层主要依据的变量如表 2 - 1 所示。存在至少 1 项核心变量或 2 项以上非核心变量即为高风险状态。

表 2 - 1　运动相关危险分层主要依据的变量

项　目	运动相关的心血管风险
核心变量	① 年龄（男性> 50 岁、女性> 60 岁）； ② 合并明确的心血管疾病、2 型糖尿病或肾脏疾病； ③ 有早发（男性< 55 岁，女性< 65 岁）冠心病或其他先天性、遗传性心脏病家族史； ④ 参加或准备参加高危极限运动

① 中国医药卫生文化协会心血管健康与科学运动分会. 运动相关心血管事件风险的评估与监测中国专家共识[J]. 中国循环杂志，2022，37（7）：659 - 668.

续 表

项 目	运动相关的心血管风险
非核心变量	① 缺乏规律的运动习惯； ② 存在提示有心血管疾病可能的胸闷、胸痛、呼吸困难等临床症状； ③ 男性> 40 岁，女性绝经后； ④ 吸烟； ⑤ 高血压； ⑥ 高胆固醇血症； ⑦ 肥胖

（3）在进行运动时应注意补水，特别是进行长时间运动或长距离跑步时，不论是普通健身者还是专业运动员都需要学会评估自身的缺水状态，避免出现运动性脱水的情况。

（4）在日常活动、健身和体育训练时，低、中风险心血管疾病人群可以考虑佩戴穿戴式监测设备，用于运动训练和风险监控。但是对于高危患者，还是建议到医院或者有监测条件的场所进行评估和训练，会有全方位监护和专业人员把控风险。

3. 加强运动时心血管健康风险监测以及紧急措施

如果在跑步等运动过程中，出现如血压波动、心率增快、呼吸困难、心绞痛等情况，建议立即停止运动坐下休息。如果休息后仍然不能缓解，则需要医学咨询，并在下一次运动锻炼时，针对上次情况酌情调整运动方案。

　　运动中最危险的情况就是心源性猝死。除了拨打120，在场人员对患者进行心肺复苏，是提高医院外心源性猝死生存率的重要因素。在急救车到达之前，如果现场配有自动体外除颤器（automated external defibrillator，AED），在场人员可以连接AED，识别有无心室颤动发生。降低心源性猝死发生率最有效的手段是每次运动前进行症状评估，早期识别风险，进行预防。但是一旦出现了心源性猝死，需要立即启动急救流程，在进行呼叫和求助的同时，尝试进行心肺复苏。

3

运动可以提高机体的『抵抗力』吗？

在一个看似与往常没有什么不同的下午，曾爷爷迈着轻盈的步伐去接小飞放学，还带了亲手做的点心。曾爷爷看到路口的绿灯刚好亮起，想着让小飞吃上热乎的点心，于是就加快了脚步。突然，曾爷爷只觉得膝关节一阵酸痛，差一点没站稳，幸好有位好心的年轻人过来扶了一把，曾爷爷才没有跌倒在人行横道上。道谢之后，曾爷爷缓慢地向学校走去。

事后，曾爷爷并未将此事放在心上，认为也许最近比较疲劳，不小心才差一点摔着，自己平时还打太极，身体和关节也没啥毛病。为了避免家人担心，曾爷爷也没有向他们提起这个小事情。

一周后，另一桩事情使得全家人再也不能平静。那是一个明媚的午后，叶奶奶午睡后准备起床，却感觉头晕乎乎的。曾爷爷得知后，关切地问道："是不是最近太累了？我给你量一下体温吧。"

曾爷爷快速地找出了电子体温计，给叶奶奶测了一下。"已经38.2度了，你发热了。"曾爷爷说道。

懂事的小婷听到后连忙跑过来，关心地问道："奶奶，奶奶，感觉怎么样? 要不要去医院看看?"

叶奶奶为了不让孙女担心,说道:"没什么大碍,可能是最近晚上受凉导致的,我休息休息就好。"这时,曾爷爷给叶奶奶端来了温水,并说道:"你先喝点水吧,我们待会等小婷爸爸回来后带你去社区医院检查一下,开点药。"

小婷离开了叶奶奶房间。叶奶奶说:"最近两年,我感冒的次数比年轻时增加了不少,而且容易感觉到疲劳,这是啥原因呢?"此时,曾爷爷轻声告诉叶奶奶:"我上周好好走着路,突然膝关节疼痛,差点儿摔倒在路上,还好有个小伙子帮了我。"

老两口正琢磨着是什么原因使他们变得脆弱了,这时曾致远下班回来了。得知情况后,曾致远直接进房间扶起叶奶奶去医院了。

在社区医院,医生给叶奶奶做了检查,并未发现严重的问题,开了一些退烧药,并叮嘱叶奶奶多休息,按时吃药。

曾爷爷、叶奶奶先后出现的身体状况使全家人都开始关注起了老年人的健康。晚饭后,大家在客厅讨论了起来。

林思媛说道:"随着年龄的增加,肌肉、骨骼和关节机能都会退化,肌肉会流失,骨密度也会有所下降,可能导致骨质疏松。另外,关节的灵活性和活动度也会受到限制,所以以后要多加小心。"

曾致远补充道:"是的,老年人的平衡能力也可能因肌肉力量减弱和神经系统变化而受影响，增加了跌倒的风险。"

曾爷爷却说："我没感觉自己老了呀。我一直都觉得我的身体状况很好。"

曾致远说："是，您的身体状况确实不错，但是随着年龄的增长，人的身体机能确实会慢慢下降，肌肉力量和质量在中年之后就处于下降趋势了。人体衰老是一个自然的过程。"

"是啊，随着年龄的增长，还有一个方面也会发生变化，就是抵抗力会下降。在衰老的过程中，人的免疫功能可能减退，以至于抵抗疾病的能力下降。那么，老年人就易受外界病毒和细菌的感染，还容易引起一些其他的慢性疾病。"林思媛补充说道。

曾爷爷慢慢意识到了衰老过程对机体的影响，问道："那有没有什么好的办法可以提高我们的抵抗力呢？"

林思媛安慰道："爸爸别着急，办法当然有了。虽然年龄增长和身体衰老是个不可避免的过程，但是我们要正确地面对。我们可以通过合理的饮食与适当的运动来改善和维持身体机能。比如，可以通过参加适当的力量练习来防止骨质疏松，还能帮助您保持肌肉力量，避免发生像您之前那样不慎摔倒的情况。"

曾致远连连点头，并说道："还不止呢，健身运动对老年人的免疫系统功能也有很明显的促进作用。适当运动能够提升免疫功能，降低感染性疾病的风险，对高血压、糖尿病等慢性疾病的预防也有帮助。"

听完，两位老人终于露出了笑容。曾致远如释重负地说道："爸、妈，运动我可比较在行，后面我慢慢给你们讲吧。今后就让我们全家一起科学地运动、科学地健身，成为爱运动、爱健康的一家人。"

◎ 基础知识点

1. 人体的免疫系统

免疫力也就是我们平常所说的"抵抗力"，是身体识别和消灭外来侵入的任何异物（病毒、细菌等），处理衰老、损伤、死亡、病毒感染细胞等的能力，构成了人体自身的防御机制。免疫力的高低主要取决于免疫系统。免疫系统主要包括先天免疫和适应性免疫。先天免疫是一种非特异性的防御机制，也是免疫系统的第一道防线。它包括身体的物理屏障（如皮肤和黏膜）、生化屏障（如胃酸和消化酶），以及细胞屏障（如中性粒细胞、巨噬细胞和自然杀伤细胞）。适应性免疫，也被称为特异性免疫，是一种更加复杂的免疫反应，具有特异性和记忆性。这包括体液免疫（主要由 B 细胞介导）和细胞免疫（主要由 T 细胞介导）。体液免疫是通过产生抗体来识别和清除特定的病原体，而细胞免疫则是直接杀死被病原体感染的细胞。这两种免疫系统在抵抗感染时通常是协同工作的。先天免疫系统先识别并尝试控制感染，同时激活特异性免疫系统。随后，特异性免疫系统产生特异性反应，清除感染并建立免疫记忆，为可能的再次感染做好准备。

2. 老年人免疫力的变化

随着年龄的增长，免疫系统会出现增龄性的下降，被称为免疫衰老（immunosenescence）。免疫衰老在很大程度上是导致老年疾病风险上升的因素，引起老年人抵抗力降低，致使感染、慢性炎症和疾病患病风险上升。T 细胞和 B 细胞的功能减退是老年人免疫力的关键变化，它影响了对病原体的快速和有效应答，以及抗体的生成，出现一种持续的慢性炎症状态，被称为"炎症性衰老"，可能加速衰老的过程。老年人的免疫应答减慢，可能使疾病的严重程度和持续时间增加；对疫苗的反应能力减弱，可能导致他们不能从疫苗中获得与年轻人相同的保护效果。这些变化的背后有许多复杂的生物学机制，包括细胞分裂和再生的速度减慢，以及细胞和分子水平上的损伤累积。

3. 运动对老年人免疫系统的积极作用

规律的适当运动对机体健康可以产生明显的促进作用，对机体的免疫系统也可带来积极的影响，进而提升机体抵抗疾病的能力。适量的健身运动对免疫系统功能的促进作用主要体现在体液免疫功能增强、细胞免疫功能增强，以及单核-巨噬细胞和中性粒细胞功能增强。适当的健身运动可以降低衰老过程中的慢性炎症反应，使促炎症细胞因子下降和抗炎症细胞因子增加。因为长期慢性炎症反应可以增加许多慢性疾病的风险，适当运动通过其抗炎症反应的效应促进身体健康。2019 年，权威杂志《自然免疫学综述》（*Nature Reviews Immunology*）上发表了一篇综述文章，全面回顾了体育活动对免疫系统的影响。在这篇文章中，作者总结了很多关于运动与改善免疫衰老的证据。这些证据表明，随着年龄的增长，身体活动的减少是导致肌肉质量和功能下降的原因之一。运动对免疫衰老的改善作用在很大程度上就是通过对骨骼肌的作用而实现的。骨骼肌不仅是运动器官，也是一个重要的免疫调节器官。在运动时，骨骼肌能够分泌被称为"肌肉因子"的细胞因子；该细胞因子具有抗慢性炎症和促进免疫功能的作用。因此，适当参加健身锻炼，可以改善老年人免疫系统功能，延缓免疫衰老。

◎ 常见误区

1. 运动时间越长越好

老年群体中存在一种常见的误区，即认为运动的时间越长，锻炼效果越好。这导致一些老年人倾向于进行长时间、高强度的运动。然而，这种行为模式并不科学，还可能会对健康产生不利影响。首先，长时间、高强度的运动会使身体消耗大量的能量，如果能量补充不及时，就可能出现运动疲劳，会影响到运动效果，甚至导致身体机能下降。其次，老年时的身体机能与年轻时相比已有所退化，肌肉和关节的恢复能力较弱，过度的运动负荷易引发运动伤害。最后，目前已有的证据表明，长时间、高强度的运动可能会导致机体的免疫系统功能暂时下降，出现运动后的免疫低下期，也就是运动生理学上经常提到的"开窗理论"。开窗理论认为人们在进行高强度急性运动时，由于淋巴细胞动员入血，运动过程中淋巴细胞数量急剧升高。运动后淋巴细胞浓度降低，增殖分化及活性降低，免疫球蛋白也受到影响，出现免疫低下期。此期可持续3~72小时不等，就如机体的"窗户"被打开，故称免疫低下期为"开窗期"。在这一过性免疫低下期，多种病原体极易侵入人体，尤其是流行性感冒和上呼吸道感染等发生率急剧增加。

因此，老年人进行运动时，应在医生或专业教练的指导下，选择适合自己身体状况的运动类型和强度，运动的持续时间也应适当，运动后应保证充分的休息，以避免因运动过度而对身体产生不良影响。

2. 锻炼时选择一种运动类型或项目即可

许多老年人认为他们只适合进行如广场舞、快走、游泳等有氧运动，这其实是一个误区。虽然这些有氧运动很适合老年人，确实能提供一定的健康促进效益，比如提高心肺耐力等，但这并不意味着老年人只适合选择这些运动方式。事实上，有氧运动结合适度的力量训练能够更全面地提升身体健康。例如，力量训练可以帮助老年人提高肌肉力量，预防骨质疏松，改善平衡能力，从而减少跌倒的风险。另外，发表于权威杂志的研究显示，参与不同类型的运动在一定程度上均有益于心理健康，但是不同类型的运动带来的心理健康效果不尽相同，团队类项目参与者的心理健康收益最大。因此，老年人在选择运动方式时，应综合考虑自身的健康状况、身体能力和医生或健身教练的建议，选择适合自己的、能够全面提升身体健康的运动方式。

◎ 科学健身建议

1. 老年人运动健身指南

2020 年，世界卫生组织发布了最新版《身体活动以及久坐行为指南》，针对 65 岁以上老年人提出了运动的一般性指导建议。

（1）每周至少进行 150~300 分钟的中等强度有氧体育活动，或者每周至少进行 75~150 分钟的高强度有氧体育活动，或者在等效混合强度上有适当的组合。中等强度运动如快步走、游泳，高强度运动如跑步、有氧操。

（2）每周至少进行两天的大肌肉群的力量训练活动。

（3）65 岁及以上的老年人，如果他们的身体能力允许的话，还应包含平衡训练和协调训练，以及提升身体灵活性的活动。

（4）对于身体功能受限的老年人，他们应根据自身的身体能力进行适当的运动。

（5）建议以上所有的运动都应该分布在一个星期内，以避免连续多天不进行运动。

要注意的是，这些指南都是基于大量的科学研究，并且强调运动的益处远大于可能的风险。然而，每个人的身体状况和能力都是不同的，因此在开始新的运动计划前，老年人应该先咨询医生或者专业的健身教练。

2. 加强运动健康监控

衰老会导致老年人各种机能不同程度地下降，而且许多老年人对自己的身心健康状况的了解仅仅依赖于自我感觉，缺乏客观依据，因此，老年人在开始健身运动之前，应该进行身体检查和运动风险评估。同时，在运动过程中，应加强健康监控和医务监督，这一点对于老年人而言尤其重要。应该避免在运动过程中感到不适后依然"迎难而上"和"铤而走险"，如果选择了不适合自己的运动方式或运动强度，不仅不能起到运动健身的效果，还可能导致严重的健康问题。运动过程中一旦出现不适，应立即停止运动，并及时就医，这样才能保证运动的安全性和有效性，从而更好地发挥运动促进健康的效益。

4

运动真能减肥吗？

周末的清晨，家里显得那么平静与和谐。曾致远和林思媛不用去上班，小飞和小婷也不用去上学。

"啊！！！！"

一声惊叫划破了周末清晨的宁静。

正在厨房准备早餐的曾致远来不及放下手中的锅铲，立刻以百米冲刺的速度冲进了卧室："怎么了？你是不是又把什么东西打破了？"

林思媛瞪了他一眼，说道："谁又打坏东西了！我刚才在体重秤上称了一下，突然发现我又胖了 1 千克，你说这该怎么办呢？"

曾致远待在原地。"我还以为发生什么大事了呢？不就是体重稍微增加了 1 千克嘛，这又不是什么大事。我去给你们做好吃的了！"说完，他又飞快地跑回厨房。

不一会儿，曾致远准备好了一家人的早餐。周末的早餐总是那么丰盛：煎鸡蛋、肉包子、烤吐司、水果沙拉、热牛奶……

一家人围着餐桌，享受着周末一起共享早餐的快乐时光。

然而，今天林思媛却显得心事重重。想着刚刚称过的体重，林思媛倒是有点没胃口了，郑重其事地提议："为了我们全家的身体健康，我觉得有必要大家一起开展一次减肥大行动。"

"你自己要减肥，怎么却拉着我们全家一起呢？你自己去减肥吧，我给你加油并提供后勤保障，一定给你提供丰盛可口的饭菜。"曾致远笑着说道。

"什么情况，曾致远？平常不都是你督促我们运动锻炼的吗？怎么今天开始打退堂鼓还打趣我呢？适当的体重和体成分对于身体健康非常重要，超重和肥胖可给机体带来一些不良影响，可增加代谢综合征、心脑血管疾病，甚至某些癌症的风险。"林思媛严肃地说道。

"就是！就是！爸爸是不是怕平板支撑做不过我，害怕了？"小飞接着说道。

曾致远淡定地说："当然不是。我只是觉得你们每次都喊着要锻炼、要健身、要减肥，可很多时候都是一时兴起，过几天就没动静了，不坚持也没什么意义啊。"

小婷也赞同曾致远的话，补充说道："我觉得爸爸说得对。妈妈每次都是很有信心地开始，然后悄无声息地结束，没有很好地坚持下去，所以减肥也没什么明显的效果。"

林思媛说："确实，这次爸爸说的对。健身和减体重是一件非常需要毅力去坚持的事情，不坚持就会前功尽弃。"

"那到底该如何做，才能有效地减体重呢？减肥都有些什么方法呢?"小婷问道。

林思媛接着说:"实际上,我们大家多少都知道或听说过一些减肥方法,比如通过调整饮食减肥,通过运动减肥,通过手术减肥,还有一些帮助减肥的药物,等等。但是,一般情况下,我们只要适当调整饮食,减少能量摄入,再加上适当运动,就可以达到减肥的目的。"

小飞也开始问道:"那到底是饮食减肥好还是运动减肥好呢?"

林思媛不愧是医生,她补充道:"通常情况下,体重上升的原因是能量摄入和消耗的平衡被打破。当人体总的能量摄入大于能量消耗时,能量逐渐以脂肪的形式储存下来,我们的体重就会有所上升。"

"那对于减肥来讲,到底是运动重要,还是减少饮食重要呢?"小婷又问道。

作为体育教师的曾致远开始抢话了:"运动被认为是减肥的重要方法之一,特别是中低强度的有氧运动可以通过增加机体脂肪的燃烧来达到减重的目的,但是不能仅仅依赖单纯的运动,还需要配合健康的饮食习惯,适当减少高脂高糖食物的摄入,这样才能够更好地达到减肥塑形的作用。坚持运动和控制饮食最重要的环节就是持之以恒、坚持不懈。"

"我最近看到一篇很有意思的最新研究报道,在一定程度上解释了为什么运动减肥比较困难,而且需要毅力去坚持。这个研究发现了机体存在一种叫作'能量补偿'的效应,即人们在进行运动后机体的静息代谢会下降,这样相当于把运动能耗进行了一定程度的回补。对正常体重人群来讲,这种补偿效应在 28% 左右,而对于肥胖人群来讲,这种补偿效应达到了 49%,也就是说,对于肥胖人群来讲,运动后燃烧的热量,约一半都可能被'抵消'掉。所以,对于肥胖人群来说,想要仅仅通过运动减肥确实更难一些,也需要付出更大的努力才能实现。"曾致远继续补充道。

"你们爸爸说得越来越专业了!我之前就是渐渐放松了对自己的要求,体重才会又慢慢升了上去。这么多次的减肥经历让我再次认识到做任何一件事都要坚持,不能半途而废。否则,减肥只能是一句口号和空话⋯⋯"林思媛说道。

曾致远无奈地说:"你呀,道理都懂,就是时常偷懒。还是让小飞和小婷来监督你的饮食和运动计划吧。"

小飞听到这里高兴极了:"我来监督妈妈运动,爸爸你说妈妈应该每周运动几次才能减肥呢?是不是次数越多越好?"

曾致远说:"每周运动次数也不一定越多越好,要根据身体状况进行适当调整,3 ~ 5 次比较合适。一般情况下呢,正常成年人应每周至少累计进行 150 分钟中等强度有氧运动,比如慢跑、游泳、骑单车、跳健身操等,每次 30 ~ 60 分钟为宜,以预防肥胖及肥胖相关的代谢问题。如果是体重超重和肥胖的人群,也应每周至少累计进行 150 分钟中等强度有氧运动以达到适度减脂的效果，运动时长增加至每周 250~300 分钟时可以获得更大的效果。"

小婷也附和道："小飞就监督妈妈每周至少运动 3 次，我来监督妈妈的饮食吧。今后妈妈再也不能吃零食了，家里所有薯片和可乐都归我了！"

"哈哈哈哈。"一家人的欢笑声瞬间填满了整个房间。

林思媛说："小婷刚才提到的薯片和可乐确实都是高热量食物，我是不会再吃了，但是你们也不能多吃呀，我们相互监督吧。"

很快大家吃完了早饭，林思媛"伟大的"减肥计划也在这个早餐时间诞生了。

◎ 基本知识点

1. 肥胖及其危害

适当的体重和体成分对于身体健康非常重要。肥胖是指体内脂肪量过多的一种病理状态，属于代谢紊乱疾病，以脂肪代谢失衡为主，主要的表现形式为皮下脂肪与脏器脂肪堆积。通常，肥胖可分为中心型肥胖和外周型肥胖。中心型肥胖也称腹型肥胖，其特点是脂肪以腹部或内脏脂肪积聚为主。外周型肥胖的特点是脂肪以臀部和四肢堆积为主。

评价身体成分和肥胖的简易指标主要包括：身体质量指数（body mass index，BMI）和腰围。

（1）计算身体质量指数的公式：BMI = 体重（kg）／［身高的平方（m^2）］

成年人评价标准：BMI = 18.5 ~ 23.9 kg/m^2 为正常范围；24 kg/m^2 ≤ BMI ≤ 27.9 kg/m^2 为超重；BMI ≥ 28 kg/m^2 为肥胖。

（2）腰围是判断中心型肥胖的常用简易指标，测量时经肚脐点测量腰围周长。

成年人评价标准：女性，腰围 ≥ 85 cm 为中心型肥胖；男性，腰围 ≥ 90 cm 为中心型肥胖。

过多脂肪的堆积，不仅使体形不美观，还会对健康造成严重的危害，肥胖会引发很多慢性病。肥胖会增加心血管疾病的风险，如心脏病、高血压和中风。肥胖是 2 型糖尿病的主要危险因素。肥胖可导致非酒精性脂肪肝（non-alcoholic fatty liver disease，NAFLD）的发生风险增加。同时，肥胖可能导致呼吸问题加重，如睡眠呼吸暂停综合征和哮喘。由于肥胖给关节施加了额外的压力，它还可能导致关节疾病的风险增加，特别是膝关节和髋关节。此外，肥胖会影响生育功能，可能导致月经不规律、卵巢功能障碍以及怀孕并发症等问题。甚至，肥胖还与多种癌症的发生风险有关，包括乳腺癌、结肠癌和子宫内膜癌等。

另外，肥胖问题也可能诱发焦虑、抑郁和自卑等心理障碍。因此，保持适当的体重和体成分对于身体健康非常重要。

单纯性肥胖就是我们常见的普通肥胖，是不由任何器质性病变造成的肥胖，而与年龄、遗传、生活习惯和营养状况有关，大多脂肪分布比较均匀，没有内分泌紊乱现象，也无代谢障碍性疾病。继发性肥胖多是由其他健康问题所导致的肥胖，多由内分泌或者是代谢性疾病导致体重增加。

2. 肥胖的成因

肥胖是由遗传、环境、行为等多方面因素引起的复杂慢性疾病，肥胖的成因很复杂，常常是遗传因素和环境因素共同作用的结果，但是在排除了遗传因素和病理性因素外，导致单纯性肥胖的主要原因是生活方式和饮食习惯的改变。从能量代谢的角度来讲，体重或者说体脂百分比的变化与机体能量摄入和能量消耗密切相关。我们可以把机体的能量摄入和能量消耗看作一个天平的两端，左边代表能量摄入，主要包括蛋白质、脂肪和碳水化合物类能源食物的摄入，右边代表能量消耗，主要包括机体的三大类能量消耗，即基础代谢能耗、食物的产热效应和身体活动的能耗。当能量摄入和能量消耗保持平衡时，体重保持相对稳定的状态。然而，当机体能量摄入超过能量消耗时，天平左倾，导致体重和体脂肪增加，可能引起肥胖。这个能量天平也告诉我们，当我们需要控制体重时，可通过增加身体活动，并适当地调整饮食习惯，达到减脂瘦身的效果。因此，从能量代谢的角度看，无论是什么诱因，肥胖的发生是基于代谢紊乱。

3. 减肥方案

目前常见的减肥和控制体重的方式方法有很多，可谓五花八门。比如饮食干预、运动减重、生活方式干预、药物治疗、减重手术等方式均为目前广泛使用的减重方式。根据《中国成人超重和肥胖预防控制指南（2021 年）》和美国内分泌学会的相关指南建议，综合目前多种研究结果及临床实践，生活方式干预为实施减重及体重控制的一线治疗手段，是最行之有效也是最为推荐的方式，应将生活方式干预作为体重管理的基石。生活方式干预尤其应重视饮食、身体活动和行为管理。

一些肥胖者无法减掉足够的体重来改善健康，或者无法控制体重反弹。在这种情况下，医生可能会考虑增加其他治疗方法，包括减肥药物或减肥手术等。《中国成人超重和肥胖预防控制指南（2021 年）》中指出，中国成年人中 BMI ≥ 28 kg/m^2 且经过 3 个月的生活方式干预仍不能减重 5%，或 BMI ≥ 24 kg/m^2 合并高血糖、高血压、血脂异常、非酒精性脂肪肝、负重关节疼痛、睡眠呼吸暂停综合征等肥胖相关并发症之一的患者，在生活方式和行为干预基础上推荐应用药物减重治疗。

4. 运动与减肥

身体活动不足、久坐不动是导致超重和肥胖的重要危险因素。然而，运动可以通过增加机体能量消耗，帮助达到能量负平衡，进而实现减体重的目的。目前，已有大量研究证实，适当的运动干预有助于控制体重，降低血脂、血糖等多种肥胖相关的危险因素，并降低肥胖相关的疾病风险。

◎ 常见误区

1. 只要运动了就能减肥

这个观点是不正确的。运动在体重控制过程中发挥积极作用，适当运动可以消耗能量，但并不是只要运动了，就能减肥。事实上，如前所述，体重的下降主要源自机体能量的负平衡，即能量摄入要小于能量消耗。因此，单单依靠运动，并不一定能起到非常好的减肥效果。另外，需注意机体的能量补偿效应。能量补偿是指人通过运动消耗的能量会受到身体基础代谢的调节限制，大量日常运动消耗将使基础代谢减少，影响能量平衡。所以，运动虽能消耗热量，但并不意味着可以不受限制地消耗所有的热量，还需注意饮食控制以保证消耗的热量超过补充的热量，从而达到减肥的目的。2021 年，《当代生物学》（*Current Biology*）上发表了一篇题为《能量补偿与肥胖》的文章，指出肥胖者能量补偿的能力比体重正常的人高，这意味着肥胖者要减肥会更难。所以，减肥需要更多的运动和更好的饮食控制，肥胖者还需要面对更大的能量补偿挑战。

2. 运动强度越大，运动越剧烈，减肥效果越好

这个观点是不正确的。有人认为运动强度越大的项目，减肥燃脂的效果就越好，其实这并不正确。脂肪代谢供能的途径是有氧代谢供能，即在氧气供应充足的情况下脂肪氧化分解为二氧化碳和水，而中低强度的运动是以有氧代谢供能为主，所以进行长时间的中低强度运动是有利于脂肪消耗的。但是，需要指出的是，现在有研究表明，间歇性高强度运动（high intensity interval training，HIIT）对于控制体重和提高心肺耐力来说也有着不错的效果，而且具有省时高效的特点，但是对于肥胖人群来讲，要根据自身身体状况和运动能力适当选择 HIIT 作为运动减肥的方式。

3. 不吃米饭和面食等主食就可以减肥

这样的观点是错误的。大米和面粉的主要成分是碳水化合物，属于糖类物质，因此有人误认为减肥时就不应该吃主食。实际上，碳水化合物是人体不可或缺的七大营养素之一，承担着构成机体组织及重要生命物质和维持神经系统的重要功能。如果长期不吃主食，缺少碳水化合物的摄入，会影响机体的正常功能。减肥时应该控制

机体的总热量摄入量，提高主食的质量，选择低血糖指数的谷物，减少精加工食物，粗粮细粮相互搭配，健康饮食，帮助科学减肥。

4. 体重下降速度越快越好

这是一个常见的误区，是不正确的观点。部分减肥者想通过节食等各种手段实现体重的快速下降。实际上，体重的快速下降不仅容易反弹，还可能给机体造成一定的压力和内分泌的变化，并可能带来一系列的健康风险，比如电解质紊乱、营养不良、肌肉丢失、胆结石和易疲劳等问题。有研究专门分析了快速减体重和稳步减体重的区别，发现在减体重程度相同的情况下，稳步减体重的方法可以减掉更多的脂肪，而且稳步减脂有助于维持机体的基础代谢率。

◎ 科学健身建议

运动减肥不能一时兴起，它需要通过科学的、合理的运动与饮食结合，调整机体能量摄入与消耗的平衡，才能实现健康、持久的减肥效果。科学的运动减肥应注意以下几点：

1. 设定合理的目标

为自己设定一个切实可行的减肥目标，同时关注健康指标的改善，如脂肪含量、血压、血糖等。根据《中国成人超重和肥胖预防控制指南（2021）》的建议，对于一般超重/肥胖人群，减重目标按减轻现体重的 5%、10%、15% 划分，减重周期为 3~6 个月。

2. 制订个性化的运动计划

根据个人的体能、兴趣和目标，制订适合自己的运动计划在运动减肥过程中尤为重要。运动锻炼计划的基本内容包括：

（1）运动频率。每周 3~5 次为宜。

（2）运动强度。中等强度运动为宜，可用心率或主观体力感觉评定。

（3）运动时间。一次的运动应包括热身运动、主体运动和运动后放松拉伸三部分。热身运动和放松拉伸时间一般为 5~10 分钟为宜，每次主体运动时间控制在 30~60 分钟为宜。

（4）运动项目。以有氧运动为主，运动项目可根据自身情况选择，比如慢跑、跳绳、有氧操等。建议进行有节律的大肌肉群参与的、所需技巧低的有氧运动。

超重和肥胖个体，每周进行至少 150 分钟的中等强度运动，以达到适度减重的效果；如果要达到减重≥5% 的效果，每周运动时间应达到 300 分钟，运动强度应为中-高强度运动量，或运动能量消耗每周达 2 000 千焦及以上。与中等强度连续的运动相比，高强度间歇运动可作为减重、减脂和提高心肺功能的有效运动方式，并且具有时效优势。可利用零碎时间，累积多次短时运动，在运动量相同的情况下，减重效果甚至优于一次长时间连续运动。将抗阻训练融入减肥运动计划中，有助于在减肥的同时维持和增加肌肉量。

3. 运动强度的自我监控

在运动处方实施过程中，要注意学会自我监控运动强度，避免运动伤害的发生。有氧运动的强度对于锻炼效果起着重要的作用，日常锻炼中，可以通过心率（脉搏）客观反映运动时的强度。

4. 饮食控制

健康的饮食是科学运动减肥的必要步骤，保持均衡的饮食，控制热量摄入，增加蔬菜、水果和全谷物的摄入，减少高糖、高脂肪和加工食品的摄入。

5. 监测和调整运动计划

进行运动减肥应根据个人体能逐步增加运动强度和时间，以避免运动损伤，提高减肥效果。同时，定期监测减肥进展和健康指标的变化，根据实际情况调整运动计划，必要时咨询医生。

5

高强度间歇性训练与中等强度持续性训练，哪个健身效果更好？

自从林思媛前些天发现自己体重又增加了之后,"减肥"就成了她时常挂在嘴边的一个关键词。为了快速地减体重,塑造更好的体形,林思媛经常约上单位里的好朋友李女士一起去健身房锻炼。这天下班后,她们又一起来到了单位附近的健身房。

刚踏进健身房,一位工作人员就热情地上前问道:"你们两位要不要体验一下 Tabata,我们今天刚好举行免费的体验活动,每位锻炼者都可以参加。"

"什么是 Tabata,能减肥吗?"林思媛问道。

"Tabata 是一种高强度间歇运动方式,可以帮助减体重。你看好多女士都报名了,准备参加体验课。"健身房工作人员回答。

"我们要不一起体验一下吧?"李女士跟林思媛说。

"好的,我们试试吧,反正也是免费体验。"林思媛同意了参与体验。

不一会儿,体验课的教练就招呼大家到健身房中央集合,开始拉伸和准备活动。

"在开始前,我先简单地跟你们介绍一下 Tabata 运动。Tabata

是 1996 年由日本运动科学学者田畑泉（Izumi Tabata）博士所设计的一种高强度间歇训练，这种训练方式设计的初衷是为了提高速滑运动员的运动能力。由于 Tabata 能在短时间内让身体达到非常好的训练效果，因此现在也成了健身领域中流行的一种运动方式。我们这次运动的主要内容是高强度运动 20 秒，休息 10 秒，然后紧接着高强度做下一个动作，重复 8 次，一组动作下来就是 4 分钟，搭配 4~5 组动作，结合热身放松，一次训练下来在 30 分钟以内。"教练说。

"刚刚您说 Tabata 是高强度间歇训练，是吗？"林思媛提问道。

"是的，高强度间歇训练，它的英文叫 high intensity interval training（HIIT），指在短时间内进行高强度运动，然后进行一段时间的低强度有氧运动或休息，再重复短时间内全力运动的训练方法，是一种有氧和无氧结合的运动模式。对于初学者，运动的时候可能会感到有些吃力，心率也会快速增加，所以运动的时候大家要量力而行，注意安全。"教练解释道。

"话不多说，让我们开始今天的 Tabata 体验课程吧。"教练接着说道。

经过近 30 分钟的 Tabata 运动的冲击，大家都汗流满面、气喘呼呼，身体虽然很累，但感受是愉悦的，仿佛能感受到脂肪在燃烧，这让林思媛对高强度间歇训练产生了兴趣。

　　回家后，林思媛跟曾致远提起了健身房的体验课："今天跟小李去了健身房，那里刚好有 Tabata 体验课程，我们就一起报名了。"

　　"看你那么累，原来是刚刚结束了 Tabata 运动啊。"曾致远说。

　　"你知道 Tabata 啊！教练说 Tabata 属于高强度间歇训练，动作很容易学会，每个动作时间也很短，就是做起来太累了，一下子就爆汗了，教练还强调它对减肥非常有效果。"林思媛说。

　　"是的，Tabata 这种高强度间歇训练方式确实对减肥有很好的效果，跟我们平时的游泳、跑步、骑车等这些中等强度持续训练方式有一定的区别。"曾致远说。

　　"那它们具体的区别在哪儿呢？"林思媛问道。

　　"中等强度持续训练，英文全称是 moderate-intensity continuous training，简称 MICT。在运动锻炼中运动强度维持在中等水平，大多是以有氧代谢为主的耐力性运动，它的特点是有节奏、不中断和持续时间长。高强度间歇训练，也就是经常听到的 HIIT，运动时以糖代谢为主，并不像中等强度持续运动那样是以有氧燃烧脂肪为主，所以 HIIT 对于改善糖代谢紊乱有明显好处。"曾致远说。

　　"那 HIIT 还有什么好处吗？"林思媛问道。

　　"HIIT 运动强度较高，研究证据表明 HIIT 还可以提高心肺功能、骨骼肌力量和代谢能力。"曾致远继续说道。

"原来 HIIT 还有那么多好处啊，感觉我还得再深入了解才行呢。"林思媛说。

此后，林思媛开始了学习和练习 HIIT 的旅程。

◎ 基础知识点

1. 什么是高强度间歇训练和中等强度持续训练？

高强度间歇训练是指以大于等于无氧阈（anaerobic threshold，AT）或最大乳酸稳态的负荷强度进行多次、持续时间为几秒到几分钟的大强度运动，且每两次练习之间安排使练习者不足以完全恢复的低强度运动的运动模式。换言之，HIIT 就是高强度运动和低强度运动交替进行的一种运动模式，通常高强度区间的运动可使练习者的心率达到至少 80% 的最大心率（maximal heart rate，HRmax）。理论上，HIIT 锻炼模式可以融入各种运动之中，只要强度和间隔安排适当就行，一般训练时间是 4~30 分钟。比如，练习者可以以 HIIT 的模式进行全身性训练动作（波比跳、高抬腿、深蹲等）、跑步、自行车、划船机、跑步机等运动，高强度区间持续时间可以通过使用 1~5 分钟的音乐曲目来辅助计时。

此外，中等强度持续训练是日常健身中常见的运动方式，运动强度通常稳定在中等强度区间，即锻炼者以最大心率的 64%~75% 或储备心率（heart rate reserve，HRR）的 40%~59% 进行运动。

2. 常见的 HIIT 训练模式

前面已经提到 HIIT 可以融入不同的运动中，并适当调整高强度和低强度区间。因此，HIIT 有着不同的锻炼模式，比较知名的包括 Tabata 模式、Gibala 模式、Vollaard 模式等。其中，最为著名的是 Tabata 模式，是由日本运动科学学者田畑泉设计的，最初应用于奥运会速滑运动员。这种训练法包括了超大高强度（强度约为最大氧耗量的 170%）运动 20 秒和休息区间 10 秒，通常进行 8 个 20 秒高强度运动和 10 秒休息的区间，一个训练周期时间为 4 分钟。实际上，目前健身机构所采用 Tabata 或 HIIT 锻炼方案，是在原始的 Tabata 方案基础上适当调整后形成的健身模式。

3. HIIT 运动的特点

（1）高效性和时间节省化。相较于传统的有氧运动，HIIT 可以在更短时间内取得相同甚至更好的锻炼效果。这一特点源于 HIIT 中的高强度运动和间歇恢复期相互结合的特点。HIIT 训练时间相对较短，通常在 20~30 分钟内完成。这种短时高效的特点使得训练者能够在较短的时间内感受到锻炼成果，激发持续锻炼的动力。HIIT 训练中的高强度运动和间歇恢复期共同促使训练者在较短时间内实现更高的能量消耗和持续的新陈代谢。因此，HIIT 成了时间紧张或希望在较短时间内取得显著运动效果的人群的理想选择，以提高心肺功能、燃烧脂肪和增强肌肉功能。

（2）趣味性和挑战性。高强度间歇训练之所以受到许多人的喜爱，在一定程度上也归于其趣味性、挑战性。相较于传统的有氧运动，HIIT 更能吸引锻炼者参与并保持锻炼习惯。HIIT 的趣味性主要体现在以下几个方面：HIIT 可以包含各种运动形式，如跑步、自行车、跳绳、力量训练等。训练者可以根据自己的喜好和需求选择不同的运动组合，这有助于保持锻炼的新鲜感和兴趣。HIIT 允许训练者根据自己的身体状况和健康水平调整运动强度、间歇时间和运动种类。这种灵活性使得每次锻炼都可以有所不同，避免了单调重复的训练过程。由于 HIIT 运动中的高强度部分对个人的心肺耐力等身体机能都是一种挑战，因此 HIIT 也是一种富有挑战性的运动，可以激发锻炼者不断挑战自我的潜能。

4. HIIT 对健康的益处

近些年，HIIT 受到了广泛的关注，大量的研究机构对 HIIT 的健康效益进行了研究。总的来讲，现有数据表明，HITT 可引起骨骼肌和心脏等器官多方面的良性适应性变化，如增加骨骼肌线粒体氧化供能相关蛋白的表达，延缓衰老引起的线粒体数量下降，改善骨骼肌毛细血管系统，以及心肌细胞的适应性变化和提高心脏射血分数和每搏输出量等。引人注目的是，研究进一步发现，间歇性高强度运动在提高心肺功能（有氧能力）和心血管机能方面往往要优于持续性的中等强度持续运动。比如，有系统综述研究显示，HIIT 训练在改善由生活方式引起的慢性心血管或代谢疾病（包括高血压、肥胖、心力衰竭、冠状动脉疾病或代谢综合征）个体的心肺功能（最大摄氧量）方面要优于 MICT（分别增加 19.4% 和 10.3%）。

◎ 常见误区

HIIT 在健身锻炼效果方面一定优于 MICT。这种观点是不正确的。最近几年，HIIT 在美国运动医学会开展的全球健身趋势调查报告中榜上有名，从而受到广大健身爱好者的关注，并被纳入锻炼项目中。那么，HIIT 在健身效果方面一定优于 MICT 吗？虽然 HIIT 在促进心肺耐力和改善糖代谢等方面效果明显，并可能优于 MICT，但是，HIIT 并不是在所有方面都优于传统的 MICT。比如，2017 年，澳大利亚悉尼新南威尔士大学发表于《肥胖评论》（*Obesity Reviews*）杂志的一篇关于"高强度间歇训练和中等强度持续训练的减肥方面效果的荟萃分析与系统性综述"发现，高强度间歇训练和中等强度持续训练在改变身体成分方面，并没有显著差异，提示高强度间歇训练的确是一种有效的减肥运动，但其效果并没有明显优于传统的中等强度持续运动。研究还发现，在达到相同的减肥效果时，高强度间歇训练在用时方面减少了 40%，换句说话，30 分钟的持续运动与 18 分钟的高强度间歇运动在效果方面几乎相同。因此，就减肥而言，HIIT 在时间、效率方面更高，但不能将高强度间歇运动过度神化，作为"燃脂神器"。

HIIT 与 MICT 在运动形式和效果方面有各自特点，其运动健身方面的异同如表 5-1 所示：

表 5-1 HIIT 与 MICT 运动形式与效果差异比较

运动形式与效果比较		HIIT	MICT
相同点		提高心肺功能，增强心脏泵血能力和肺部通气功能；帮助减少体脂，改善体重，对预防肥胖和相关疾病具有积极作用；有助于提高胰岛素敏感性，有利于糖代谢的调控，对糖尿病患者和预防糖尿病的人群具有重要意义	
不同点	在锻炼时间方面	训练用时较短，通常在 20~30 分钟内完成	训练时间相对较长，通常为 30~60 分钟
	在运动强度方面	强度较高，包括高强度运动和低强度恢复期交替进行	强度较低，以中等强度的持续运动为主
	在运动后氧耗方面	较显著的"后燃效应"（运动后过量氧耗），即运动后新陈代谢水平维持在较高水平	后燃效应相对较弱
	在心肺功能改善速度方面	在较短时间内对心肺功能产生更显著的改善效果	心肺功能提高相对较慢
	在改善肌肉力量与耐力方面	更有利于提高肌肉力量和耐力	主要提高肌肉耐力，对肌肉力量的提高相对较弱

◎ 科学健身建议

1. 制订合理的 HIIT 训练方案

美国运动医学会建议在制订 HIIT 训练方案计划时，应考虑以下几个方面。首先，考虑持续时间、强度和间歇时间。高强度区间的运动强度一般应大于等于 80% 最大心率。如果通过主观感觉判断，高强度运动区间的个体应感觉自己正在"费力"或"非常费力"地锻炼。如果使用"谈话测试"作为判断，在高强度运动区间时，锻炼者的正常交谈有一定困难。在低强度运动区间（恢复间隔）的强度应该是估计最大心率的 40%~50%。此时，运动中的感觉很轻松，这是个恢复过程，并为下一个高强度区间的运动做好准备。

其次，应考虑高强度区间和低强度区间的间隔时间。许多研究和方案使用不同的高强度运动区间与低强度运动区间的比较，以达到改善不同能量系统的目的。例如，1∶1 的比例，可以是 3 分钟高强度运动区间和 3 分钟低强度运动区间（恢复间隔）的组合。这些 1∶1 间歇训练组合，通常是高强度运动区间持续 3~5 分钟，然后是相同的低强度运动（恢复）区间。另一种较为流行的 HIIT 训练模式，被称为"冲刺间歇训练方法"（spring interval training method）。这种类型的程序是：锻炼者进行大约 30 秒的"全力冲刺或接近全力运动"，然后是 4~4.5 分钟低强度运动（恢复）区间。这种组合练习可重复 3~5 次。注意，如果选择这样的高强度，高强度运动区间一般持续较短的时间（30 秒）。

最后，HIIT 相对于其他中低强度运动形式来讲，更加消耗体能，更具挑战。因此，在刚开始进行 HIIT 时，锻炼者可以每周进行 1 次 HIIT；随着体能和技能的增加，可以考虑每周进行 2 次 HIIT 锻炼。

2. HIIT 运动安全注意事项和风险评估

目前研究表明，科学适当地进行 HIIT 运动是安全的。HIIT 也越来越受到健身爱好者的欢迎。但是，在开始任何一项运动之前，都应该评估其安全性和潜在的风险。HIIT 涉及大强度的运动，锻炼者更应该注意其安全性。特别是长期久坐人群或缺乏身体活动的人群进行高强度运动时可能会增加出现冠心病事件的风险。有家族病史，吸烟、高血压、糖尿病（或糖尿病前期）、胆固醇水平异常、肥胖会增加这种风险。

在开始 HIIT 或任何其他运动之前，应考虑自己的身体状况和既往病史，并适当咨询医生。美国运动医学会建议，在开始 HIIT 之前，锻炼者应该有基本的锻炼基础。基本锻炼基础包括持续的有氧运动训练（每周 3~5 次，每次 20~60 分钟，强度稍高），并持续数周，产生肌肉适应，改善氧气的摄取和利用。另外，选择适合自己身体状况的 HIIT 训练模式，并适当地开展骨骼肌力量训练将有助于降低进行 HIIT 时潜在的运动损失风险。无论年龄、性别、体能水平，安全地进行 HIIT 的关键之一是针对个人的身体和体能状况，适当选择高强度运动区间，并在锻炼中寻找适合自己的最佳高强度运动区间。

6

我们需要运动多久才能消耗
掉一个汉堡的热量？

对小飞和小婷两个小朋友来说，最盼望的莫过于周末了。每到周末，曾致远和林思媛就会组织大家外出游玩，自然也会带他们去吃很多好吃的。

这周末大家去了植物园，玩得很开心，不知不觉已到中午时间。小飞和小婷的肚子不约而同地一起叫了起来，两个人相视一笑，一起大声喊道："爸爸妈妈，好饿呀！我们去吃午饭吧。"

曾致远笑着看向两个孩子，说道："好啊，也到午饭时间了，你们想吃什么呀？"

还没等小飞回答，小婷便率先喊道："汉堡！"

小飞听后在旁边一个劲儿地点头，这个答案一点儿也不出乎意料，两个人的最爱就是汉堡、鸡翅和薯条。平常曾致远和林思媛去上班，两人经常跟曾爷爷和叶奶奶闹着要吃汉堡，疼爱孙子孙女的曾爷爷和叶奶奶自然也都是有求必应。

"好呀，没问题，不远处应该就有一个汉堡店，我们往那边走吧。"曾致远一听两个孩子想吃汉堡，觉得也不错，快餐还比较节省时间，就很爽快地答应了。

　　一家人说笑着，就来到了汉堡店。曾致远和林思媛问了大家都想吃什么就去点餐、取餐了，两人一边等餐一边聊天儿，林思媛说："两个孩子最近胃口不小啊！刚才问他们想吃什么的时候，又是汉堡，又是薯条、鸡翅啥的，比他们爷爷奶奶点的都多。"

　　"小孩子嘛，'眼睛大肚子小'，吃不了多少，想点就先给他们点吧，吃不完的我负责'打扫'，我少点些就是了。"曾致远不以为意，觉得没啥问题。

　　一会儿曾致远和林思媛就取餐回来了，两个孩子便狼吞虎咽地吃了起来。曾致远和林思媛一边吃一边观察，发现他俩"肚子真不小"，不一会儿就全都吃完了，还有些意犹未尽的感觉。曾致远眼巴巴地等着"打扫"两人的剩饭也没等到，只好再去点了一些。

　　"你俩吃饱了没？都成大孩子了呀！吃的比爷爷奶奶都多呢。"曾致远笑着跟两个孩子说，猜想今天逛了大半天，肯定是运动量也不算小，有点儿饿了。

　　"是呀，最近我们经常带他俩去吃汉堡，也都能吃这么多。"曾爷爷也观察到了孙子孙女最近有些胃口大开。

　　"爸妈，你们最近也经常带他俩去吃汉堡吗？"林思媛这时候才知道曾爷爷和叶奶奶经常带两个孩子出去吃。她最近工作有些太忙了都没注意到。

　　"是呀，最近你们不在家的时候我们经常去吃，俩孩子爱吃着呢。"曾爷爷回答道。

"汉堡的热量还是挺高的，偶尔吃还是可以的，如果吃太多高热量的食物可是容易长胖的呀，以后还是少带他们去吃吧。"林思媛决定提醒一下老人，要多注意孩子的饮食健康。

"两个孩子都处于长身体的阶段，多吃点儿也很正常嘛。"叶奶奶不太认同林思媛的话。

"嗯嗯，多吃点儿也不错，说明胃口很好嘛。大家都吃好了，我们就再去转一会儿吧，周末好不容易出来一趟。"曾致远赶紧打圆场，林思媛也意识到曾爷爷和叶奶奶是疼爱孙辈，只是一些知识还不太了解，需要后面慢慢去解释，也就不再说话了。

下午回到家曾致远和林思媛一商量，决定还是用合适的方法，让大家了解科学的知识。两人先去查阅一些权威的资料，一切准备就绪，还是等到晚饭后一起看电视的时间跟大家说。

晚饭后，曾致远率先发言："小飞，小婷，看出来你们最近都爱吃汉堡，正好我有个关于汉堡的问题想考考你们，答对了奖励你们每人一个汉堡怎么样？"

"好呀好呀！"两个孩子立马来了兴致。

"你们猜猜你们爱吃的汉堡，需要多大的运动量才能消耗掉？"曾致远说出了问题。

"多大的运动量？什么意思？"两个孩子的知识量还不能完全理解曾致远的意思。

"就是说，汉堡含有的热量还是挺高的，吃了之后要通过运动来把汉堡的热量消耗掉。如果只吃不运动，这些热量就会积累到身体里。"曾致远解释得尽可能地便于两个孩子理解。

"那是什么运动呢？"小飞继续问。

"就以慢跑为例吧，你们不是有的时候也跟我去慢跑嘛。"曾致远知道俩人不爱跑步，偶尔喊他们一起去跑步，没多会儿就坚持不下来了。

"10分钟？"小婷回答道。

"不够。"曾致远摇摇头。

"20分钟总够了吧？"小飞觉得这已经很多了。

"首先，你们知道一个汉堡里有多少热量吗？"曾致远问。

"不知道。"兄妹俩摇摇头。

"一个130克的汉堡所含的热量约为1 550千焦。"曾致远开始读搜集到的资料。

"很多吗？"显然两人还是不太了解。

"消耗一个汉堡所含的热量，不同类型的身体活动要持续的时间不同。以正常速度下的慢跑为例进行计算，对于像爸爸这种大约65公斤的成年男子来说，每10分钟的能量消耗约为250千焦，要消耗掉一个汉堡的热量，需要持续慢跑至少1个小时。对你们来说，需要运动的时间还要更久。"曾致远回答道。

"1个小时？！"小飞和小婷吓了一跳，平常俩人半小时都坚持不下来。

"对呀，你们算算吧，平常吃的汉堡热量，你们都通过运动消耗掉了吗？"曾致远看向两人。

小飞和小婷一起摇了摇头，显然他们的运动量是不够的。

"如果爱吃汉堡但运动不够会有啥影响？"曾爷爷担心地问道。

"如果说一个汉堡所含的热量远远超过了成人一餐所需的热量，那肯定也超过了儿童青少年一餐所需的热量。频繁食用汉堡等高热量食物，势必会导致人体总摄入提高，一旦人体体力活动不足，体重势必就会出现增长。长期的体重增长就会导致人体超重或者肥胖。"曾致远继续科普下午查到的知识。

"目前中国居民体重超重和肥胖问题突出，尤其是青少年超重和肥胖，呈现出低龄化、严重化的趋势。"林思媛也来科普关于健康的知识。

"那可怎么办？两个孩子都爱吃汉堡，你总不能不让他们吃吧？"叶奶奶听完也担心，但是想想俩孩子确实爱吃汉堡，不知道有没有其他办法。

"有办法呀，刚才说了运动是提高能量消耗、降低肥胖的健康有效的方式，"曾致远说着打开了电脑中提前搜索好的内容，"正常情况下，人体每日的能量消耗由基础代谢（身体自然消耗的能量）、体力活动（日常生活活动、运动消耗的热量）和食物热效应（消耗吸收食物消耗的热量）构成。"

"对于小飞和小婷来说，为了消耗掉一个汉堡的热量，每天都要去跑2个小时吗?"叶奶奶还是没听太明白。

"那倒不是，其实刚才也说到了能量消耗不只是靠运动，其实只要活动都有能量消耗，扫地或拖地也能消耗能量。"曾致远回答道。

"哦哦，我明白了，主要意思是汉堡所含的热量比较高，不要吃完一天到晚躺着、坐着啥也不干，不光要多运动，还可以多做些其他事情。"叶奶奶终于明白了。

"对的，消耗热量、维持运动不仅要通过规律的运动，而且要通过合理的膳食安排，才能做到营养摄入和能量消耗之间的平衡，确保两个孩子的持续健康成长。"林思媛继续说道。

"合理膳食可以参照国家卫健委委托中国营养学会修订完成的《中国居民膳食指南（2022）》，包括：一、食物多样，合理搭配；二、吃动平衡，健康体重；三、多吃蔬果、奶类、全谷、大豆；四、适量吃鱼、禽、蛋、瘦肉；五、少盐少油，控糖限酒；六、规律进餐，足量饮水；七、会烹会选，会看标签；八、公筷分餐，杜绝浪费。"曾致远过来和林思媛轮流补充科学饮食知识。

曾爷爷和叶奶奶终于明白了曾致远和林思媛的意思，疼爱孙子孙女终究是要讲究方式、方法的，并表示他们以后在接送孩子的路上也会尽量少给两个孩子买汉堡吃，日常生活中会督促他们多吃水果蔬菜、少吃汉堡，在维持平衡膳食的同时通过合理的运动，来促进孩子们的健康发展。

"小飞、小婷，你们听明白没？汉堡可以吃，但要注意多运动，也要注意不能挑食。"曾致远看向一双儿女。

"知道啦，坚持天天运动，维持能量平衡，保持健康体重。"小飞和小婷也听懂了曾致远和林思媛的良苦用心。

"看来都听懂了啊！不错不错。那我履行一下刚才的承诺，你们一人再奖励一个汉堡怎么样？"曾致远笑呵呵地看向小飞和小婷。

"那那那……倒不用了，今天中午吃的汉堡，还没跑够 2 个小时呢。"小飞和小婷连连摆手。

"哈哈哈……"一家人都大笑了起来。

◎ 基础知识点

1. 机体能量消耗的构成

一个人每天的总能量消耗（total energy expenditure，TEE）由三个主要部分构成，包括基础代谢率（basal metabolic rate，BMR）、食物诱导的热效应（thermic effect of food，TEF）和身体活动能量消耗（physical activity energy expenditure，PAEE）。

基础代谢率是生命最基本生理活动所需的能量，如维持心跳、呼吸和维持体温等所耗能量，通常占机体总能量消耗的

60%~70%。基础代谢率常见的估算公式如下：

（1）哈里斯-本尼迪克（Harris-Benedict）公式：

男性：BMR = 66.473 + 13.751×体重（kg）+ 5.003 3×身高（cm）-6.755×年龄（岁）

女性：BMR = 655.095 5 + 9.463×体重（kg）+ 1.849 6×身高（cm）-4.675 6×年龄（岁）

（2）穆菲尔德公式（Mifflin-St Jeor Equation）：

男性：BMR = ［9.99×体重（kg）］+［6.25×身高（cm）］-［4.92×年龄（岁）］+5

女性：BMR = ［9.99×体重（kg）］+［6.25×身高（cm）］-［4.92×年龄（岁）］-161

食物诱导的热效应是指进食时，身体需要消耗能量进行食物的消化、吸收和储存，大约占总能量消耗的10%。身体活动能量消耗包括所有身体活动，从日常活动到有规律的运动，这部分能量消耗的比例根据活动水平而变化，通常约占总能量消耗的20%~30%。这三个部分加起来构成了个体每天的总能量消耗。如前所述，当机体能量消耗处于负平衡时（即能量摄入小于总能量消耗），体重会出现下降。

2. 身体活动（运动）能耗的计算方法

很多人关注运动过程中的能量消耗，我们可以通过下面的介绍对不同运动时的能量消耗进行估算。在计算运动能耗之前，需要先理解一个概念——能量代谢当量（metabolic equivalent of energy，MET）。MET是指运动时耗氧量与安静时耗氧量的比值，是一种用于表示身体活动强度的单位，是能量消耗的指标。1 MET等于一个人在静息状态下的氧气消耗量，每千克体重每分钟消耗氧约3.5毫升。如果一种项目运动强度为2 METs，则意味着其需要消耗的能量是静坐的两倍。MET值越高，意味着活动的强度越大，能量消耗也就越大。用MET表示的运动强度分类为：久坐不动≤1.5 METs，低强度运动=1.6~2.9 METs，中强度运动=3.0~5.9 METs，高强度运动≥6 METs。

使用运动所对应的MET值、运动的时长和个人的体重，可以简单地估计在进行特定运动时的能量消耗。例如，如果我们知道一个人的体重和他所进行的活动的MET值，那么我们就可以用以下公式来估算他在进行这项活动时的能量消耗：

能量消耗（千卡）＝MET值×体重（kg）×时间（h）

运动能量消耗计算（场景应用举例）：

小明的体重是90千克，他以2.0千米/时的速度步行了1个小时，那么小明消耗了多少热量？（以2.0 km/h的速度步行的MET值为3.3）

MET×体重×运动时长＝运动能耗，即3.3×90×1＝297千卡。

不同身体活动和运动的MET值可以通过查询"中国18~64

岁健康成年人身体活动汇编"获知，表 6 - 1 列出来常见的活动和运动的 MET 参考值。

表 6 - 1　常见运动的 METs 值（18 ~ 64 岁）

代谢当量	活动分类	具体活动
1.1	不活动、休息/低强度活动	看书
1.2	不活动、休息/低强度活动	坐姿：使用手机
1.3	不活动、休息/低强度活动	坐姿：写字
1.4	不活动、休息/低强度活动	坐姿：看电视
3.3	步行	步行：2.0 千米/时，2~4 分钟
4.4	步行	步行：5.0 千米/时
9.1	步行	步行：8.0 千米/时
4.7	步行	上下楼梯，一般
5.5	跑步	慢跑：160 步/分钟
14.1	跑步	跑步：1 千米全力跑，无负重
5.3	健身锻炼	健美操：一般
5.4	健身锻炼	广场舞：不同舞曲（如《走出大山等》）
7.3	健身锻炼	有氧健身操：多种类型，中等到大强度
2.8	健身锻炼	骑自行车：功率自行车，20~50 瓦特，低强度
7.1	健身锻炼	骑自行车：功率自行车，100 转/分钟，高强度

代谢当量	活 动 分 类	具 体 活 动
10.0	健身锻炼	跳绳：单摇绳，不同强度
4.7	体育运动	足球：颠球、双人传球、运球过人
5.1	体育运动	乒乓球：正反手攻球和推挡
6.6	体育运动	乒乓球：模拟比赛
7.4	体育运动	羽毛球：一般
8.9	体育运动	网球：自由单打比赛
3.1	中国传统运动	八段锦
3.4	中国传统运动	武术：一般
3.4	中国传统运动	五禽戏：一般
4.9	中国传统运动	太极拳：24 式简化，低架势

◎ 常见误区

"中年发福"就是基础代谢下降的原因。这个观点是有问题的。早期的一些研究表明，随着年龄的增长，个体的基础代谢率会下降，于是一些观点就认为中年后容易出现的肥胖问题是由于基础代谢的下降造成。实际上，这个观点是不全面的。在前面部分已经介绍，脂肪的增加与机体能量平衡之间关系密切，能量的消耗很大一部分是身体活动能耗。因此，中年期，饮食能量摄入增加、身体活动水平下降也是导致脂肪增加的重要原因。有研究显示，身体水平比较高的老年男性的基础代谢率或身体成分几乎没有变化。因此，将"中年发福"的原因完全归为基础代谢的下降是不准确的，应多方面考虑体重增加的原因。

◎ 科学健身建议

合理膳食，吃动平衡。运动有利于身心健康，维持健康体重取决于机体的能量平衡。体重过轻或过重都可能导致疾病发生风险增加；低体重和肥胖都会增加老年死亡风险。

《中国居民膳食指南（2022）》中提到，吃动平衡，健康体重，提醒各年龄段人群都应天天进行身体活动，保持健康体重。食不过量，保持能量平衡。坚持日常身体活动，每周至少进行 5 天中等强度身体活动，累计 150 分钟以上。主动身体活动最好每天走 6 000 步。鼓励适当进行高强度有氧运动，加强抗阻运动，每周 2~3 天。减少久坐时间，每小时起来动一动。

7

仰卧起坐真能减少腹部脂肪吗？

周末的早晨，本来是可以多睡片刻的美好时光，曾致远却被一阵翻箱倒柜的声音吵醒。"干吗呢这是，周末都不让人睡个懒觉!"他抱怨着立刻翻身起来，带着些许的起床气走出卧室一看，原来是林思媛正挨个把衣柜里的漂亮衣服拿出来往自己身上比画。

曾致远埋怨道："我还以为家里进贼了!大早上的你干吗呢?"

林思媛瞪了他一眼说道："你也不看看几点了，中午去参加张倩的婚礼你忘了吗?还不赶紧起来收拾。"

曾致远一边往卫生间走一边无奈地说："你慢慢收拾吧，我穿个衣服就能出发。"

"等你收拾的时间我都能再睡个回笼觉了。"曾致远心想。

他刚回到温暖的被窝，林思媛就冲进卧室，手里拿着两件裙子，问了一个致命的问题："你觉得我穿哪件裙子好看?"

曾致远表面上比较着两件裙子，心里却想道：这个时候一定不能脱口而出，要不然她一定又觉得我敷衍她。

于是他思考片刻过后说道："我觉得这两件裙子你穿上肯定都非常美，但是右边的裙子比较适合今天的场合，颜色和婚礼比较搭，穿这件吧。"

林思媛脸上露出开心的笑容："哟，今天态度这么认真，实在是难得呀。"

曾致远暗自窃喜：这都是多少教训换来的呀。

"但是吧……"

曾致远心里一哆嗦：难道我的回答还不够完美吗？

"但是，我现在感觉这件裙子穿着有点紧，而且还能看出来我有小肚子。怎么办呀？"

曾致远松了一口气说道："嗨，没关系。那你最近和我一起跑跑步吧，然后再做做仰卧起坐，小肚子就下去了。"

林思媛半信半疑地问道："仰卧起坐真的能减小肚子吗？我以前也不是没做过呀，效果也不是很明显。"

"那可能是你的方法不对，或者是没能够坚持下来。这样吧，我们先去参加婚礼，然后我查查专业的资料，咱们先了解科学正确的概念，然后我再安排些有针对性的练习，帮助你把小肚子减下去，穿好看的裙子，你觉得可以吗？"曾致远耐心地说道。

"哇，你太棒了。我以后早晨再也不吵你睡觉了，我这就去换衣服，我们马上出发！"说完，林思媛高兴地走出了卧室。

"我真是天才。"曾致远盖上被子，准备再来个回笼觉。

参加完中午的婚礼，回家时曾致远一边开车一边对妻子说："我刚才空闲的时候先翻了翻资料，有很多观点褒贬不一，有些人认为仰卧起坐是帮助女性消灭小肚腩最有效的方法。它是一种无负重的核心训练，能减去多余的赘肉和脂肪，紧致腰腹部的皮肤。仰卧起坐主要能锻炼到我们的核心力量，除了腹直肌，还可以加强我们腹外斜肌和腰背部竖脊肌的力量，能有效缩小腰围。而有些人却提出了反对，他们认为仰卧起坐对减少腹部的赘肉没有任何作用。腹部脂肪之所以会堆积在那个部位，是因为摄入的卡路里太多，要想消灭这些赘肉，有效的方法是通过控制饮食和进行更多的有氧运动来燃烧脂肪。其实，仰卧起坐主要是锻炼肌肉。因此，较短时间的仰卧起坐锻炼并不能很好地起到减脂作用。"

林思媛听完说道："我明白了，就是说仰卧起坐等力量练习并不能消耗很多脂肪，要想减掉腹部脂肪还是要多进行有氧运动，是吗？"

曾致远回答道："是这样的，想要单纯地靠做仰卧起坐来减少腹部脂肪确实是比较困难的。一定强度的有氧运动会帮助我们瘦下来，让我们身体的线条更清晰。而控制饮食则会减少我们过多的热量摄入，所以我们应该通过控制饮食加上有氧运动来减少脂肪堆积，同时还可结合仰卧起坐等核心练习。"

林思媛兴奋地说："我明白了！想要消除多余的腹部脂肪，这几点缺一不可！了解了这些正确的知识和科学的方法，行动起来就容易多了，回头你带我多练练高强度间歇性的运动，也顺带帮我纠正一下仰卧起坐的动作，咱俩回去后就行动起来好吗？"

"没问题，帮你减掉小肚子，我也恢复八块腹肌，哈哈哈。"说罢，曾致远和林思媛继续向家的方向驶去。

◎ 基础知识点

1. 脂肪堆积的位置及危害

根据前文所述，我们已经了解到肥胖可分为中心型肥胖和外周型肥胖。中心型肥胖脂肪主要堆积的部位在腹部，过多的堆积使腹部突出，出现"大肚腩"，也被形象地称为"苹果型"肥胖。而外周型肥胖脂肪主要堆积的部位在臀部，因此也被形象地称为"梨型"肥胖。一般而言，女性腰围大于等于 85 cm 为中心型肥胖，男性腰围大于等于 90 cm 为中心型肥胖。

事实上，中心型肥胖不仅仅导致腹部变大，影响体形美观，同时中心型肥胖也可导致更大的健康风险。研究已证实，中心型肥胖的心血管疾病和代谢性疾病的危险明显高于外周型肥胖。中心型肥胖也与动脉硬化、冠心病、高血压、2 型糖尿病以及血脂代谢异常等其他疾病存在密切关联。有研究表明，中心型肥胖会导致更高的全因死亡风险。因此，肥胖程度完全相同的个体，因其脂肪分布类型不同，可能存在不同的患病风险。中心型肥胖带来的健康风险往往比较大。

2. 运动中的脂肪氧化分解

糖类（碳水化合物）、脂肪和蛋白质是机体的三大能源物质。脂肪在运动时的供能作用决定于运动强度、运动时间、训练水平、饮食等。在高强度运动中产生腺嘌呤核苷三磷酸（adenosine triphosphate，ATP，中文简称"三磷酸腺苷"）的主要能源是糖原，肌肉中也存在脂肪和蛋白质的氧化供能路径。在低至中等强度运动中，50%的能量可能来源于脂肪氧化。因此，对于长时间运动（或高强度运动后的恢复），脂肪是一种重要能源，有利于机体糖储存及血糖的维持。

机体中的脂肪以甘油三酯形式储存于脂肪细胞、肌肉等部位。1个甘油三酯分子由1个甘油分子结合3个游离脂肪酸（free fatty acid，FFA）分子组成。脂肪酸被氧化之前，必须首先动员甘油三酯。脂肪动员发生在脂肪细胞中，是激素敏感脂肪酶激活的结果之一。这一反应就是脂肪分解，将甘油三酯分解为甘油和3个游离脂肪酸，释放入血并转运全肌细胞中。转运进入肌细胞的脂肪酸，在线粒体经有氧氧化分解为二氧化碳和水，并释放能量。

◎ 常见误区

追求局部减脂。

这是个常见的误区。如前所述，运动过程中，脂肪的利用是一个整体代谢的过程，包括了脂肪动员、转运和氧化代谢的过程，因此，我们无法控制身体消耗在哪里储存的脂肪。另外，也有很多健身人群存在一个疑惑：仰卧起坐可以减腹部脂肪吗？仰卧起坐是一种常见的腹部肌肉锻炼方式，能有效地锻炼到你的核心肌群。这些核心肌群主要包括腹直肌、腹外斜肌、腹内斜肌、背部肌肉和臀部肌肉。通过对特定部位的肌肉进行锻炼，可以增强这些肌肉的力量和大小，从而改善身体的外观和形状，但这并不意味着在这个过程中减少了该部位的脂肪。从脂肪代谢的角度来看，仰卧起坐属于短时间的力量练习，并不主要依靠脂肪供能。实际上，已有一些研究专门探讨了腹部肌肉运动练习和仰卧起坐是否可以针对性减少腹部脂肪。研究结果显示，腹部肌肉运动练习和仰卧起坐并不能有效地减少腹部皮下脂肪量和脂肪细胞的堆积，但是有助于提升腹部肌肉力量。因此，仅仅依靠"仰卧起坐"就想完全消灭腹部脂肪是很难实现的。

◎ 科学健身建议

1. 抗阻练习一般性建议

仰卧起坐是一种通过对抗自身而进行的抗阻力练习（力量练习）。根据我国和世界卫生组织的相关指南建议，成年人应该将抗阻练习作为自己健身计划的一个重要部分，针对主要的肌群，每周进行 2 次或以上的力量练习。

2. 仰卧起坐的动作及注意事项

起始姿势：仰卧，屈膝，双臂在胸前或腹部交叉。

向上运动期：腹部发力起身，头部、肩部、上背部、下背部依次离地，保持双臂在胸前或腹部交叉。

向下运动期：躯干、头颈及腰部依次伸展还原至起始姿势。保持双脚、臀及腰部原有姿势不动。

注意：垫子不能太软，做仰卧起坐时，人要躺下，重心下降，如果垫子太软的话，容易使腰部失去支撑力，使腰椎不太舒服。很多人做仰卧起坐时习惯将双手置于脑后十指交叉（抱住头部），这样做其实是腹肌力量不够，只能靠手部借力，会对颈椎产生负担，带来巨大的压力。

8

广场舞为什么这么受欢迎？

一天下午，叶奶奶正在家里看电视，突然被一档名为《全民健身·舞动全城》的节目吸引。只见主持人介绍道："广场舞源于人民的劳动生活，已经成为广大群众参与运动健身的重要手段。我们的节目旨在为广大广场舞爱好者提供舞台，通过此次活动激发人们的健身兴趣，使人们乐于运动，享受生活。"看到电视上跟自己同龄的舞者在舞台上绽放光彩时，叶奶奶的心情激动了起来，有了成立"社区舞蹈队"的想法。

曾爷爷接小飞放学回来后，叶奶奶迫不及待地将自己的想法告诉了曾爷爷，并希望和曾爷爷一起组建这支舞蹈队伍。

曾爷爷听罢，一脸嫌弃地说："这么大年纪了，还想天天在广场上跳舞啊?"

叶奶奶揪住曾爷爷的耳朵："你这糟老头子，给你个重新组织语言的机会。"

"老伴儿啊，孙子学习一天都饿了，先做饭吧。组建舞蹈队的事情，咱们吃完饭慢慢说啊。"曾爷爷赶忙求饶。

"这还差不多!"叶奶奶得意地说。

晚饭后，叶奶奶通过电视的回看功能，调出了下午观看的节目，并找来家里众人郑重其事地召开家庭会议。叶奶奶说道："我想要组建咱们社区的舞蹈队，谁赞成？谁反对？"

曾爷爷连忙问："成立舞蹈队哪有那么容易，场地、设备问题怎么解决？你虽然学过舞蹈，但仅仅是业余爱好，你能教大家跳舞吗？"

"这你就不懂了吧！广场舞的最大特点就是容易开展，只要有空地，一个外放音箱就够了，而且广场舞并不需要专业的动作，每个人都可以跟着节奏慢慢练。"叶奶奶回答道。

作为医生的林思媛很赞同，她说："妈的想法我很支持，因为广场舞动作具有多样化特征，是一种能够调动全身的有氧运动，而且还能够提高身体的协调能力，促进血液循环，让全身肌肉得到锻炼，预防和改善身体的许多小毛病。"

曾致远也附和道："其实广场舞已经成为风靡全国的老年人健身方式。广场舞动作不会很复杂，益处也很多。咱妈组建舞蹈队不仅有利于自己的身体健康，还能带动社区里的老年人一起锻炼。这个事情，我也是比较赞成的。"

曾爷爷说："那好吧，既然你们都这么说了那我也赞成，不过还是要谨慎。我现在天天打太极拳，偶尔跑跑步就感觉很好了。那我就负责后勤工作吧。"

就这样，叶奶奶的想法得到了家人的支持，于是她马上召集关系好的姐妹将"舞蹈队"成立了起来。刚开始,队伍只有寥寥数人,但慢慢地越来越多附近的居民看到后自发参与进来,广场舞的队伍也慢慢壮大了。

时光飞逝,转眼间叶奶奶的舞蹈队成立都快一年了。这天,叶奶奶像往常一样,提前来到小飞、小婷的学校接他们放学。在等待放学的时候,遇到了同样来接孙子放学的余奶奶。说来余奶奶与叶奶奶并不住同一个小区,但由于都喜欢跳广场舞又经常因为接孩子碰面也就变得越来越熟了。

余奶奶一见到叶奶奶忙说:"我们社区的舞蹈队最近可忙活了,天天排练,要准备去市里参加比赛了。你们的舞蹈队成立也快一年了,要不要一起参加?"

叶奶奶闻言道:"什么比赛?我们现在虽然天天跳,但都只是为了活动一下促进健康,还没有专门排练比较专业的舞蹈,要不然再等等吧。"

只见余奶奶拿出"全民健身·舞动全城"的宣传单说:"那没关系啊,现在报名离比赛还有三个多月呢,排练一个节目肯定来得及。再说咱们这个年龄了,还有个舞台展示自己的爱好,多好呀……"

说话间,小飞和小婷走了出来,两人跟余奶奶打完招呼后,便拉起叶奶奶的手要往回走。小飞得意地说道:"今天体育课打篮球,我又是 MVP(most valuable player,最有价值球员),只不过消耗太大，得抓紧时间回去补充能量。"

余奶奶见状哈哈大笑："快回去给孩子们做饭吧，比赛的事你多考虑一下，期待看到你们社区舞团的精彩演出。"

在回家的路上，小婷问叶奶奶："奶奶，刚才余奶奶说什么比赛呀？"

"她说的是'全民健身·舞动全城'广场舞大赛。话说当时成立舞团还是受这个节目启发呢，没想到这么快新一轮的比赛又开始了，就是不知道姐妹们愿不愿意参加？"叶奶奶嘀咕着。

虽然叶奶奶的舞蹈队成立时间也不短了，可小飞从来没有关注了解过。小飞转了一下眼睛说："咦，广场舞还有比赛，不都是清一色跳《最炫民族风》吗？"

叶奶奶瞥了一眼小飞说："这你就刻板印象了吧，广场舞包括华尔兹、步子舞、健身舞、流行舞、古典舞、双人舞、民族舞等多种形式，种类是非常丰富的。"

晚饭后叶奶奶便来到广场上，在开始今天的舞蹈之前，她首先把舞蹈队的姐妹们召集了过来，征询大家关于参加比赛的意见。大家七嘴八舌地讨论起来，大多数人都希望参与，但对于能否排出好的节目心存疑虑。看到这一幕，叶奶奶说："我觉得有这个机会挺难得的，咱们还有三个月，时间还是来得及，而且咱们姐妹们跳广场舞不就是图个乐子吗？就算表演没那么完美，咱们展现自己，享受过程也很好啊。"随后，舞蹈队基本上达成了参赛的共识。

有了比赛的目标，大家比平时跳得更刻苦了，并将练习时间从之前的晚上一场，增加成了早晚各一场。持续了一周后，在一次排练的时候赵奶奶突然扭伤了脚。大伙赶紧停止排练，围到赵奶奶身边查看伤势。有人提议，让赵奶奶先回去休息，用热水泡泡脚增加血液循环促进恢复。叶奶奶因为经常被儿媳妇普及医学知识，对于运动损伤有一定的了解，看了一下赵奶奶的扭伤部位，说道："急性运动损伤处理要遵循休息、冰敷、压迫、抬高等原则。刚刚损伤热敷可不行，得先用冷水或冰块冰敷一下。"

一行人扶着赵奶奶回到了家，赵奶奶皱着眉说道："哎，今天起晚了，赶过去急匆匆地没有做准备活动就跟着大家一起跳了。明知道运动前都要先进行热身才行，可只想着早点排练就给忽视了。这几天落下排练的动作可咋办，唉……"

叶奶奶连忙安慰道："没关系，别太放在心上。不过这也给我们提了个醒，无论时间多仓促，都要热好身才行，不然受伤就得不偿失了。排练的事情你也别担心，你扭伤得也不严重，应该很快就能好。近期学习的新动作，我每天会把动作视频发给你，你熟悉一下，到时候再跟着练，应该能跟得上。"

大概一周以后，赵奶奶重新回到了广场上，跟大家排练手部动作。由于每天都看视频认真领会，赵奶奶并未落下太多。两个星期完全康复后，她很快又融入了大家的排练之中。

虽然遇到了许多困难，但是舞蹈队的成员们都一起克服，坚持了下来。三个月之后，比赛如期而至，叶奶奶和她的队员们终于站上了属于她们的舞台……

◎ 基础知识点

广场舞的健身效益

舞蹈的起源最早可以追溯至远古时期，而广场舞作为当今深受欢迎的锻炼形式，其流行可归因于其公共性、自发性和开放性的特征。广场舞主要在公共空地进行，如公园、社区花园、商业写字楼附近的空地、村委会周边的公共空地等。这种公共性使得广场舞成为一种社区性的活动，能够鼓励社会互动，加强社区联系，促进人们之间的交流。广场舞作为舞蹈的一种组织形式，越来越受到大众的欢迎，其健身锻炼效果体现在以下几个方面：

（1）有助于促进身体健康。舞蹈作为一种中低强度、持续的有氧运动，已被广泛证实对身体健康有积极的影响，有助于促进健康老龄化。与其他有氧运动类似，规律地进行广场舞练习，可以增加练习者的身体活动水平，促进能量消耗，有助于改善身体成分，促进糖、脂代谢，有利于心脑血管健康，同时也提升练习者下肢力量素质、平衡和协调能力，对预防骨质疏松和强健骨骼也有益处。

（2）有助于促进心理健康。近些年，有学者探究了广场舞对中老人心理健康的促进效应。广场舞对心理健康的积极影响可体现在压力和情绪管理、社会情感交流、音乐治疗等方面。一方面，参与广场舞所带来的乐趣能有效缓解个人压力，改善焦虑和压力等负面情绪状态。另一方面，广场舞以集体的形式进行，为练习者提供了交流的渠道。此外，舞蹈伴随的音乐元素本身就是一种心理治疗手段，能带来各种心理益处。

（3）有助于促进认知功能。已有研究显示，舞蹈，包括广场舞，对于老年人的认知功能具有促进作用。进行广场舞锻炼要求参与者集中注意力以记忆动作。这种对运动结合音乐和认知的持续挑战能够对老年人的注意力、记忆力、执行功能和视觉空间能力等方面进行有效锻炼。

◎ 常见误区

1. 早晨跳广场舞最好

这种说法是不准确的。实际上，早晨和晚上进行广场舞锻炼都是可行的。要注意的是，如果选择晨间锻炼，不应过早，主要考虑到避免早晨寒冷的空气对身体健康的潜在威胁，以及避免干扰他人。另外，夜晚的锻炼应避免在晚上 9 点之后进行，以免过度活动影响正常的睡眠。

2. 必须出汗才能达到广场舞锻炼效果

这种观点是不正确的。广场舞作为一种全身的有氧运动，舞者在运动过程中无论是否出汗，都会消耗一定的能量。强调出汗效果可能会导致人们进行过长时间的锻炼，这反而可能对身体造成潜在的损伤。特别是在寒冷天气中，大量出汗容易导致感冒。过长时间的锻炼还可能对骨关节和心肺功能产生不良影响。舞者应根据自身的身体状况以及天气状况，选择适宜的运动时间，其间还应适时进行休息和补充水分。

3. 广场舞是"万能良方"

虽然广场舞有积极的健身效果，广受欢迎，但是并不是万能的，并非所有人在任何时候都适合进行广场舞锻炼。对于急性疾病患者或者慢性疾病在急性发作期的患者，都应暂停广场舞活动。高血压和心脏病患者在进行广场舞锻炼时，必须严格控制运动的强度和时间，以免加重病情或产生其他潜在损伤。此外，虽然广场舞可以作为一种有益的康复运动，但必须明确，它只能作为治疗的辅助手段，不能替代直接的医学治疗。

◎ 科学健身建议

1. 做好热身和放松

跳广场舞前的热身和结束后的放松环节，对防止运动伤害、提高运动效率以及加速身体恢复都至关重要。热身阶段可以提升心率，增加肌肉的温度，从而增强肌肉的柔韧性和反应速度，预防运动中可能出现的扭伤和拉伤等情况。运动后的拉伸放松环节则可以帮助舒缓紧张的肌肉，加速乳酸的代谢，有助于身体的恢复，减少肌肉酸痛的现象。此外，放松环节还可以帮助身体逐渐从运动状态回归到静息状态。

2. 监控运动强度

运动心率是反映一个人运动强度和运动负荷的重要指标。适当的运动强度可以使身体在运动中获得最佳的锻炼效果，而过高或过低的运动强度则可能对身体健康造成潜在的风险。根据运动科学的研究和相关运动指南，建议中老年人在进行广场舞锻炼时关注自己的运动心率，中等强度有氧运动时心率应控制在最大心率的55%~70%，即"220-实际年龄"的55%~70%。此外，对于有慢性病，如肥胖、高血压、心脑血管疾病的人群，应该更加关注自己的身体状况和运动强度。

3. 控制动作幅度

广场舞的动作涉及人体各个部位的活动，其中许多动作需要较大的关节活动度。然而，研究数据显示，广场舞运动中出现的运动损伤主要集中在腰部、膝关节和踝关节。这主要是由于在跳舞过程中，身体需要进行一些大幅度的扭动和旋转，如扭颈、转腰、屈膝和转髋等，若这些动作幅度超过了身体关节和肌肉的正常活动范围，则可能引起伤害。因此，广场舞的参与者应该根据自己的身体条件，适度控制动作的幅度，避免过度扭曲和过度弯曲的动作，以降低运动伤害的风险。

9

饭后百步走，我到底该怎么走？

　　一天晚饭后，小飞和小婷回房间做作业去了。闲不住的叶奶奶准备出去散步，她想要拉上曾爷爷一同前往，曾爷爷却想在饭后懒洋洋地躺在沙发上看看报纸。

　　"赶紧换鞋子，一起去散步啊。饭后百步走，活到九十九，你没听说过呀？"叶奶奶有些不耐烦地催促曾爷爷道。

　　"是吗？饭后走一百步有这么大益处的啊！一百步还不容易吗？从客厅到厨房绕一圈回来就有个30多步，你绕个两三圈就够了，开始走吧，我帮你数着点儿，可别走多了呀，走多了可就不管用了。"曾爷爷扶了一下老花镜，微笑着说道。

　　"故意气我呢是不是？你明知道这句话的意思是让人饭后多走走，多动动，对身体好。"叶奶奶生气地看着曾爷爷。

　　"听说的未必都是对的，给你看看报纸上专家是怎么说的吧。饭后运动要注意的事项可多着呢，正好前几天我在《健康报》上看到了关于饭后运动的专家建议，我找找读给你听啊。"说着曾爷爷就开始在书柜上翻找前两天的报纸。

　　"什么专家啊？'饭后百步走'都流传这么多年了，怎么就不行了？我晚饭后经常看到那么多人在散步，也没看到谁因为散步身体健康出问题啊！"叶奶奶对曾爷爷说的话一点儿都不信，她就是认为曾爷爷是因为犯懒，不想陪她散步，只是想找托词糊弄她而已。

"快来看，我这里找到了。这里说的是饭后马上运动不仅没有好的健身效果，反而对消化不好呢。"曾爷爷指着报纸里一篇关于饭后运动的文章给叶奶奶看。

"是吗？怎么饭后运动就对消化不好了？人家不都说运动有助于消化吗？"叶奶奶还是怀疑曾爷爷说话的真实性。

"报纸上不是说饭后运动一定就是对消化不好，而是说饭后马上运动对消化不好。"曾爷爷开始拿着报纸给叶奶奶读。

"为什么呀？怎么就影响消化了？说了半天，越说越迷糊。"叶奶奶催促曾爷爷说清楚一点儿。

"报纸上说，当餐后立刻大负荷运动的时候，身体的部分血液会集中到躯干和四肢，以满足运动需求。但刚吃完饭，肠胃是不是也需要充足的血液供应来保障消化刚吃的食物？因此，饭后立刻大负荷运动会导致肠胃血液供应减少，而且也会影响消化酶的分泌，这就会影响到消化了。"曾爷爷一边看一边给叶奶奶解读。

"好像懂了一点儿，能不能说得更简单一些？"叶奶奶听得还是有些疑惑。

　　"简单说就是，饭后立刻运动会导致肠胃没有足够的能力来消化食物，这样就会影响消化了。"曾爷爷再次耐心地解释道。

　　"那意思是'饭后百步走，活到九十九'的说法是不正确的呗？那为啥流传了这么久，又有这么多人相信呢？"叶奶奶继续追问。

　　"专家说了并不是饭后不能运动，而是要注意时间和强度。专家也说了饭后慢走对身体是有好处的。饭后慢走对于脾胃的消化能力有好处，中医认为脾胃维护着四肢，肌肉的充养也依赖于脾胃。而且，中医也有'以动助脾'的养生观念，认为饭后的散步对脾胃是有好处的。"曾爷爷拿着报纸继续解释。

　　"你都是说的啥啊？到底是有好处还是没好处？"叶奶奶这次是彻底迷糊了。

　　"也就是说'饭后百步走'的说法是没问题的，餐后适当运动，比如散步，对身体是有一定好处的，但饭后不能马上剧烈运动，要稍等一等。"曾爷爷说。

　　"那饭后要多久能运动？"叶奶奶问。

　　"一般是 30~60 分钟吧。"曾爷爷回答。

　　"那中间时间用来干啥？跟你一样在沙发上躺着吗？"叶奶奶看着曾爷爷的样子生气地说道。

　　"那倒不是，吃完东西马上躺下或睡觉，会影响正常消化，因为这样会让食物停滞。"曾爷爷说着，再看看自己，不好意思地笑了。

"知道就好，赶紧起来帮我去刷碗和收拾厨房吧，刷完时间刚好，正好再陪我去散步。"叶奶奶开心了。

曾爷爷不情愿地站起来跟叶奶奶到了厨房，叶奶奶笑得不行，直呼："专家讲得真好，说得太有用了。"

"赶紧说说专家还说啥了？有其他要注意的没？"叶奶奶一脸得意地说。

"我没全部记下来，要不你先刷着，我去拿报纸？"曾爷爷偷偷地笑着说。

"好的，去拿吧，我再听听。"叶奶奶看懂了一切，但还是笑着让曾爷爷去拿报纸了。

曾爷爷拿回报纸继续给叶奶奶解读。

"饭后百步走，并不适合于所有人。例如，体质较差、患有胃下垂和心脑血管等疾病的人群不建议饭后多走动。饭后走路主要适用于平常运动比较少，特别是长期趴在桌子上工作的人，还适用于比较肥胖，或胃酸分泌旺盛的人。"曾爷爷看向快速收拾碗筷的叶奶奶。

"还有吗？"叶奶奶的碗筷收拾得差不多了。

"还要注意天气，比如气温比较低，外面比家里要冷很多，刚吃完饭脸色红润，而且容易出汗，突然走到寒冷的街道上，汗腺和毛细血管受到寒风的猛烈刺激，会快速收缩，从而导致风寒和头痛，甚至使心脏的负荷加重。"曾爷爷读得也差不多了。

叶奶奶想了想，前几天寒潮来袭的时候，好像吃完饭马上去散步还真有点儿身体不适，也就更加认可曾爷爷对报纸上观点的解读了。

"现在吃完饭时间不短了，外面天气也还好，关键是碗筷我自己已经收拾好了，应该可以去散步了吧?"叶奶奶笑着看向曾爷爷。

"应该是可以了吧。"曾爷爷和叶奶奶对视了一下也不好意思地笑了起来，然后自觉地去帮叶奶奶拿衣服，一起去楼下散步了。

◎ 基础知识点

1. 步行运动

步行是日常活动中最基本的动作，是通过双脚的交互移动来安全、有效地转移人体的一种活动。步行运动涉及躯干、骨盆、下肢各关节及肌群，是一种规律、协调的周期性运动，也是一种典型的模式化运动。步行主要锻炼的肌肉包括股四头肌、腘绳肌、臀肌、髂腰肌、胫骨前肌、腓肠肌和比目鱼肌等。

步行作为一项运动，按照行走的速度、长度和强度可以主要分为以下 6 种类型：

（1）日常步行（daily walking），是指人们在日常生活中正常地行走，例如从家走到菜市场或从教室返回宿舍等。日常步行的主要特点是随意性和短暂性。能量消耗大于静坐，但低于其他运动。

（2）休闲散步（leisure walking），是指人们在放松的状态下缓慢步行，例如逛街遛狗、公园漫步等。休闲散步时间往往略大于日常步行，但运动负荷仍然较低，减脂效果并不明显。

（3）健身步行（fitness walking），俗称健走或健步走，是人们为达到健身目的而进行的大步快走，其速度介于散步与竞走之间，属于有氧运动。

（4）间歇步行（interval walking），是一种不断变换步行节奏的行走方式，一般表现为交替进行长距离慢走和短距离快走。短距离快走有助于提高运动强度从而消耗更多脂肪，而长距离慢走有利于恢复体能但可以增加运动量。

（5）徒步（hiking），是一项在户外进行的长距离行走方式。一般徒步会选择户外而且距离较远，路况也会根据不同路线而发生变化。徒步对人的体能要求较高，特别挑战人体的心肺功能和膝踝等关节。

（6）竞走（race walking），属于奥运会和其他田径赛事的比赛项目。竞走要求人们必须遵循一定的竞赛规则和技术要求完成比赛，其最短距离为 5 公里而最长要走 50 公里，对人体体能和行走技巧提出了巨大的考验。

2. 步行运动的健身效益

适当的步行运动对身体和心理健康均有促进作用，比如可以帮助减轻体重、控制血糖和血脂、增强肌肉、保护骨骼、调节情绪、延缓衰老等。目前有大量研究证实了步行运动的这些健康效益。比如，在心血管健康方面，元分析的数据表明，老年人（60岁以上）每日步行步数的增加可以降低心血管疾病风险，与每日步行 2 000 步相比，每日步数 6 000~9 000 步可以降低 40%~50% 的心血管疾病风险。而且，适当的步行运动有助于降低全因死亡的风险。在《脊柱》杂志发表的文章显示，随着受试者步行天数和持续时间的增加，腰背痛的风险会逐渐降低。研究表明，每天步行 3 800 步就有助于降低患阿尔茨海默病的风险，而每天步行达 10 000 步的受试者患阿尔茨海默病的风险降低 50%。

步行运动除了有强身健体的功效外，也存在一些先天优势。一方面，步行是一项简单、易行的日常运动。步行运动不需要特殊的场地和专门的器材，也不需要特意选择固定的时间或搭档，随时随地都可以开始。另一方面，步行也是一项运动风险较小的身体活动。一般体育运动都会存在一定的运动风险，特别是对抗竞技类项目更容易造成突发性的意外损伤。哪怕是慢跑，如果动作姿势不正确，时间久了也会对膝关节、踝关节、跟腱等部位造成损伤。因此，步行运动健身简单易行，便于坚持。

3. 餐后步行的好处

步行运动作为一种低强度有氧运动，可以给身心健康带来诸多益处，而餐后步行在帮助降低血糖、促进消化、帮助睡眠等方面的效果尤为明显：

（1）降低血糖。人们在用餐后血糖浓度会在短时间内快速升高，而餐后步行可以加速全身血液循环，消耗体内糖原，从而降低血糖值。2022 年，发表在《运动医学》（*Sports Medicine*）杂志上的研究发现，餐后只需步行 2~5 分钟，就比站立或坐着更有助于降低血液中的血糖。同时，餐后低强度步行可显著降低 17.01% 的餐后血糖。

（2）促进消化。饭后步行会使腹部肌肉收缩，膈肌上下运动，对肠胃起到一定的"按摩"作用；饭后步行可以缓解胃部不适，减少气体和腹胀，使得食物更容易被消化。2023 年的一项研究表明，适度的日常步行可以改善肠易激综合征的症状，例如腹胀和腹泻。当人们将步数从 4 000 增加到 9 500 时，肠道症状可以减少 50%。

（3）帮助睡眠。首先，饭后步行可以有效地缓解紧张或兴奋的状态，调整烦躁不安的情绪；其次，可以促进体内代谢活动，加快血液循环，从而放松身体促进睡眠；最后，饭后步行可以加速肠胃蠕动和食物消化，有助于缓解由于肠胃不适和过饱引起的失眠状况。

◎ 常见误区

1. 饭后步行越多越健康

有人认为每天走的步数越多越好，这个观点是不正确的。研究发现，每天步行一定量的步数能有效降低全因死亡风险和心血管死亡风险，对于 60 岁以下的成年人每天建议步行 8 000~10 000 步，60 岁以上的老人每天建议步行 6 000~8 000 步。然而，达到一定的步数后死亡风险不会进一步降低。所以，并非饭后步行越多越好，步行时间过长反而会增加关节以及局部软骨组织的磨损，引发慢性运动劳损，特别是老年人或者膝关节曾经受过外伤的人群，更不适合饭后超量步行。超量走路还容易诱发关节炎、滑膜炎，甚至造成半月板的损伤或加重骨性关节炎的发生。

2. 任何人都适合餐后步行运动

这个说法是错误的。任何运动都要根据运动者的自身情况有选择性地进行锻炼，对于体弱多病，尤其是患有严重冠心病、心绞痛等心血管疾病的人群，腰椎间盘等严重腰部损伤的人群，关节炎、滑膜炎等严重膝骨关节损伤的人群，下肢生物力线异常人群，体重严重超标的人群等都不适合饭后长时间地步行。如果以上人群选择类似快走、徒步、竞走等步行方式，不仅无法促进身体健康，反而会加重病情或造成一系列副作用。

◎ 科学健身建议

1. 步行运动一般性建议

步行作为一种简单、易行、有效的健身锻炼方式，广受欢迎。对于步行的健身锻炼有以下几方面建议：

（1）在步行期间需保持正确的身体姿势。正确姿势的特征是"直立行走"，想象有一根绳子拉着头部向上，上脊柱挺直，肩部放松，但不能呈圆肩。步行时，脚跟着地，通过足部平缓的移动动作，身体重量从脚跟向脚掌转移。步行时，手臂和腿应该协调配合，左臂向前摆动的同时迈右腿，右臂向前摆动的同时迈左腿。快速步行时，肘部弯曲，肘关节呈90度角，双手交替向上移动至胸前。

（2）步行运动时，应注意循序渐进的原则。通常，很多人认为每日应走10 000步，以达到锻炼效果。实际上，如前所述，已有越来越多的研究表明，小于万步的锻炼也是有益的。根据《运动处方中国专家共识》，每日10 000步常被作为运动的目标，但与获得健康效益有关的每日最低运动量是7 000~8 000步，其中至少应该有3 000步是快走（步频>100步/分钟）。

2. 餐后步行运动的注意事项

步行有益身心健康，餐后适当步行有助于控制血糖，但是在餐后步行时应关注以下几方面事项：

（1）注意时间。餐后不可立即开始步行，此时食物还都堆积在胃中未被充分吸收，而且胃需要分泌大量的消化酶与食物充分混合，步行运动会影响肠胃的血液供给，引起消化不良。饭后 0.5~1 小时以后开始运动为宜。另外，餐后步行时间不宜过久，特别是老年人和膝踝关节有问题的患者更不适合长时间步行。

（2）注意地点。餐后步行地点应选择较为空旷的空间、平坦的道路和明亮的地方，空间拥挤、道路不平、灯光昏暗的地方很容易造成意外伤害事故。

（3）注意天气。餐后行走应尽量避开过热或过冷的天气。天气过热再加上一定负荷强度的步行运动有可能出现中暑的情况，而天气过冷则容易冻伤，而且步行出汗后容易引起感冒。

（4）注意姿势。错误的行走姿势容易造成膝关节、踝关节和脚趾关节及其周围韧带和肌肉的慢性损伤。餐后步行时应避免踮脚、拖步、内外八字脚走路，同时也要注意上身不要含胸驼背、左倒右歪和双手插兜等不良走姿。

10

最年长的体操运动员是谁？

今天是周一，小飞和小婷的家庭作业并不多，他们在晚饭前就已经做完了。

晚饭后，外面下着小雨，曾爷爷和叶奶奶也不能出去跳广场舞和散步了。一家人其乐融融地坐在客厅看电视，享受着茶余饭后的休闲时光。体育频道永远是一家人最容易达成一致的选择，这会儿正播放的是竞技体操比赛集锦。体操极具观赏性，一家人都很喜欢看。

"这真是一项非常优雅的运动！"看到运动员精彩的表现后，叶奶奶不禁感叹道。

坐在一旁的曾爷爷也连连称赞："这是优美而富有力量的运动，是力量和美的结合。可想而知，运动员们在台下付出了多少汗水与艰辛。"

这时坐在一旁的小婷提出了疑问："爸爸，为什么电视里解说员介绍运动员时说这是一位'20岁的老将'呢？难道体操是一项小朋友的运动吗？"

"这是一个好问题。一般体操运动员六七岁就开始练习了，如果天赋好，十二三岁就会进入更专业的队伍训练，十四岁左右的孩子就可以参加大型比赛了。很多运动员就是在这个年纪出成绩并夺得冠军的。虽然看起来十分厉害，但是他们背后的辛酸与泪水是我们普通人难以想象的。"曾致远开始给孩子们讲解体操项目的特点以及运动员的艰辛。

"原来是这样啊，这么小就开始训练了，还要吃这么多苦，这些孩子可太不容易了！"叶奶奶继续看着电视上体操运动员的精彩表现，更加感觉到他们的不容易。

"那为什么年龄大了就不行了呢？很多篮球运动员都快 40 岁了还在打比赛啊。"经常看 NBA 比赛的小飞问道。他知道一些运动员到了 35 岁甚至更大年龄的时候，还保持着很高的运动水平。

"这就涉及体操项目的特殊性了。她们往往需要运动员用小巧的身体和极强的灵活性去完成高难度动作。但是，随着年龄的增长，可能会出现身体机能退化、关节活动度下降等问题，所以很多体操运动员在二十岁出头的年纪就会选择退役。"曾致远继续解释道。

"这样啊，那世界上年纪最大的体操运动员是多少岁呢？"林思媛继续问道。

"这……我也不是很清楚。"曾致远被家人们一连串的问题问下来也有些吃不消，无奈地摇了摇头。

"让我来用手机查查。"已经能够熟练使用手机查找资料的小飞自告奋勇地说道。

不一会儿，小飞还真的查到了，赶忙给大家解读："网上说，体操运动员确实通常在20多岁的年龄就退役了。但是，也存在个案，例如乌兹别克斯坦体操运动员丘索维金娜1975年出生，但在2022年4月2日，还取得了国际体操联合会器械世界杯巴库站比赛的女子跳马冠军，并获得了该项目总共4站分站赛的总冠军。"

曾致远听到小飞说丘索维金娜，也想起来了："你说的这个运动员我听说过，现在已经49岁了还没退役呢，她可以说是体操项目里的'高龄'运动员了。"

"大部分体操运动员20岁就退役了，她竟然49岁了还能做出这么难的动作，还能拿冠军！"林思媛想不到49岁的人竟然还能保持那么好的身体柔韧性，再看看自己还不到40岁，已经明显感觉到身体机能大不如前了。

"是的，你们要知道丘索维金娜能在如此高龄保持良好的运动状态，是要付出惊人努力的。不仅需要严格管理体重，还要进行针对性的肌肉力量训练。"曾致远赶紧继续科普来弥补刚才没回答出问题的尴尬。

"年纪大的人也需要练肌肉吗？我以为只有年轻人才需要呢。"曾爷爷保持疑问。

"当然了！肌肉抗阻力量训练很重要，即使像爸妈这个年龄段的老人也需要进行适当的肌肉抗阻力量练习。因为随着年龄增长，老年人会出现一些老年性疾病，如骨关节炎、骨质疏松、循环代谢等方面的问题。其中较为突出的就是心脑血管疾病和糖脂代谢方面的问题了，而肌肉力量的训练，对心肌、骨骼肌、平滑肌等都有很好的调整作用。"曾致远开始给曾爷爷和叶奶奶讲解力量练习的重要性。

叶奶奶疑惑地问道："那为什么很少听到专门针对老年人的力量训练呢?"

"运动本身就是把双刃剑，进行正确、科学的训练事半功倍，相反则可能出现严重的健康问题。其实，很多人都意识到了老年人进行肌肉力量训练是有好处的，但考虑到难度与风险，多数老年人并未接触力量训练，也未受到专业指导，所以才出现这样的情况。"曾致远继续耐心地解释。

"原来是这样啊! 那我们以后也要加强力量训练了啊。"曾爷爷觉得曾致远说得很有道理。

"是的，但需要注意的是，虽然肌肉力量的训练对身体好处很多，但老年人最好有专业人士指导，需要通过专业准确的诊断，清楚身体问题后选择合适的运动方式，这样才能安全地改善身体状况，千万不能盲目运动。"曾致远回答道。

林思媛崇拜地说："那看来我们全家的运动都要靠你来指导了，爸妈的骨骼肌锻炼，我的减肥计划，还有小婷的游泳、小飞的篮球可都要靠你了。"

曾致远听罢得意地说："没问题，谁让我是咱们家的顶梁柱呢！"

"哈哈哈哈哈！"全家人都笑了。

◎ 基础知识点

1. 肌肉力量练习的定义与分类

肌肉力量练习，也被称为抗阻训练，通常指人体调动骨骼肌收缩来对抗外部阻力的运动方式，包括增加骨骼肌的体积、力量、耐力和爆发力的身体活动或运动。抗阻运动可以利用自身重量或特定的训练器械实施，如杠铃、哑铃或固定器械等。

力量训练通常可分为静力性力量练习和动力性力量练习。静力性收缩也称为等长收缩，肌肉收缩产生力量时其关节角度和肌肉长度没有明显变化，比如平板支撑；而动力性收缩又可分为肌肉离心收缩和向心收缩，肌肉收缩过程中关节活动度和肌肉长度都在发生变化。不同之处在于离心收缩时肌肉被拉长，有时候被描述为每次重复收缩中做负功的部分，而向心收缩时肌肉会缩短，有时候被描述为每次重复收缩中做正功的部分。

2. 力量训练的主要指标

在进行力量训练时应该关注一些训练指标，这是影响力量训练反应与后续训练适应的关键因素。一般力量训练主要关注负荷强度、重复次数和运动频率等方面。

（1）负荷强度，是指在力量训练中描述负荷的大小（或举起的重量），通常使用 RM（repetition maximum）来定义。RM 表示个人针对某负荷量能连续做起的最大重复次数。例如 1 RM 表示只能重复一次的重量负荷，10 RM 则表示可重复最多 10 次动作的重量负荷。

（2）重复次数，是指选定负荷后每个肌群的练习应该重复的组数或次数。

（3）运动频率，用于描述每周或每天训练的次数，也可以用于描述每周或每天进行某一肌肉、肌肉群或专项训练的次数。

3. 力量练习的重要性

通常，肌肉约占人体总体重的 40% 左右，对各种生理功能和疾病的发生发展都有影响。而肌肉质量和力量在成年后会随着年龄的增长而下降。近年来的研究表明，力量练习不仅可以促进骨骼肌质量和力量，而且有利于改善体成分、降低血糖水平、提高胰岛素敏感性、改善一级高血压、增加骨量和骨密度等。对抗阻力量训练与全因死亡、心血管疾病死亡和癌症死亡风险之间的关系的研究表明，抗阻力量训练伴随着更低的全因死亡、心血管疾病死亡和癌症死亡风险。另外，研究显示，力量训练可以通过改善大脑血液供应、刺激大脑神经营养因子生成、促进大脑灰质功能等途径，改善老年人认知功能，延缓阿尔茨海默病的发生。因此，力量训练应该作为个人运动锻炼计划中的重要组成部分。

◎ 常见误区

有人认为肌肉力量训练对运动员很重要，老年人不需要力量练习。这个观点是错误的。肌肉力量训练不但对运动员训练至关重要，而且对老年人的身体机能和健康也有诸多益处。有些观点片面地认为，老年人从事力量训练存在危险而且他们也不再需要专门的力量训练了，只要平时能打打太极拳、跳跳广场舞就可以了。实际上，老年人往往面临着肌肉减少症（sarcopenia）的影响，肌肉减少症是由衰老所致的以肌肉流失、力量减弱、骨骼肌功能降低为主要特征的综合性退行性病症。

老年人通过力量练习有助于肌肉质量和力量的保持，提高平衡和协调能力，有助于降低老年人跌倒的风险，而且力量练习对降低血压、血脂、心率和提高葡萄糖耐受性和胰岛素敏感性都有显著作用。基于此，多个运动指南均建议把肌肉力量练习纳入成年人与老年人的整体锻炼计划中。多项研究表明，科学系统的力量练习对老年人很安全，而且可以有效降低其他运动意外伤害的风险。因此，不仅运动员，大部分人都可以从肌肉力量训练中受益，而老年人尤其需要加强科学系统的肌肉力量练习。

◎ 科学健身建议

目前，世界卫生组织和我国制定的身体活动指南均推荐老年人进行适当的力量练习，通常建议每周进行至少 2 次肌肉力量练习，并保持日常身体活动活跃状态。力量练习时，非常重要的一点是，要尽量多地针对全身的主要大肌群进行练习，包括上肢肌群、下肢肌群、胸部肌群、腹部肌群、背部肌群等。

以下为一些关于健康老年人进行力量练习的一些建议。具体讲，关于负荷强度的选择，一般建议 70%～85% 1 RM 的重量（即 1 RM重量的 70%～85%），对于刚开始锻炼的中老年人，选择可以重复 10～15 次负荷重量。对每个主要肌群进行 1～3 组训练。组间休息时间通常建议为 2～3 分钟。针对主要的肌群，用正确的技术完成 8～10 类不同的练习。两次力量训练之间间隔 48 小时为宜。

在练习的顺序方面，根据个体的健康水平状况以及力量训练的经历和训练目标可以调整训练的顺序，以下是适用于多肌群或单肌群的训练阶段目标常用的训练顺序：先锻炼大块肌群，再锻炼小块肌群；先进行多关节运动，再进行单关节运动；全身运动环节中交替进行推拉练习；全身运动环节中交替进行上肢和下肢练习；先进行弱侧练习，然后进行优势侧练习；先进行基础力量训练和单关节练习，再进行其他类型的练习。

另外，初学者在进行一项新的运动或进行一项力量练习时，往往会在第二天出现肌肉酸痛，这种现象被称为延迟性肌肉酸痛（delayed onset muscle soreness，DOMS）。它指机体从事大运动量，特别是开始一项新的动作、运动项目改变或运动强度突然增加后一段时间内出现的肌肉酸痛现象，通常在运动后的24~72小时达到极点，5~7天后疼痛基本消失。

最后，需要指出的是，力量练习，特别是初学者使用器械进行肌肉力量练习时，应该遵循循序渐进的原则，最好在专业人员的指导下开展练习。

11

太极拳、八段锦等民族传统
体育运动强度够吗?

曾爷爷现在非常重视身体锻炼，只要天不下雨，他每天早上都会步行 10 分钟到附近的公园，和几个拳友一起聊聊天儿，在音乐口令的伴奏下，打一遍简化太极拳（约 6 分钟）并练习一遍八段锦（约 12 分钟），加上往返走路，总共约 45 分钟。练习结束，他还能顺便带早餐回家。曾爷爷的生活非常规律而且身体健康状况也很好。

作为体育教师的曾致远，有着多年的留学经历，曾致远觉得曾爷爷平常的抗阻练习不够，锻炼习惯也应该改进一下。于是曾致远就在网上给曾爷爷选购了一套哑铃和架子，另外商家还赠送了配套的动作练习视频。

哑铃到货后，曾致远就兴冲冲地在阳台把哑铃架子搭好并把几副不同重量的哑铃摆好，然后请曾爷爷过来并说道："爸，我看国外的老年人都练力量，我给您买了哑铃，您平时多练练力量吧，别只练八段锦和太极拳了。您以前的运动强度太小了，需要改进一下。老年人要多练力量，延缓肌肉萎缩和骨质疏松症。"

没想到曾爷爷生气了:"老外是老外,我们老祖宗的东西传了几千年,难道还要怀疑?你赶紧把这东西退了,别浪费钱而且占地方!"

"太极拳和八段锦是典型的中国传统运动,对于提高平衡能力、动作协调性和身体灵活性效果都很好,的确很适合中老年人练习。"看到曾爷爷生气了,林思媛赶紧过来搭话,"我给病人开运动处方时,也经常会让病人通过练习八段锦和简化太极拳进行辅助康复训练,效果还是非常好的。"

"你看看,还是儿媳妇作为医生懂得多,你要跟着多学习。"曾爷爷听到林思媛支持自己,看曾致远是愈发不顺眼。

"我觉得爸的锻炼习惯还是挺好的,安排得也比较合理。"林思媛继续顺着曾爷爷说,想先安抚好怒气未消的曾爷爷。

"嗯,你们看前段时间疫情的时候钟南山院士不是倡议通过运动提高免疫力吗?他都说太极拳对老年人来说是一项很好的锻炼方法。"曾爷爷也是有理有据。

"是的,爸。但您发现一个问题没有?您身体确实挺健康的,但随着年纪增长,身材逐渐开始衰退,而且有些单薄。"林思媛开始循循善诱。

"这不是很正常的吗?人老了不都这样吗?"曾爷爷觉得没什么问题。

"也不是吧,您刚才说到了钟南山院士,您看钟院士都80

多了，比您年纪都大，但看上去身材显得魁梧、健壮，不知您注意到了没有?"林思媛知道曾爷爷的观念不好转变，要慢慢引导。

"你说的这个倒也是，他这么大年龄了，不仅看着健壮，还显得很年轻呢。这是什么原因?"曾爷爷还真的自己发现了问题。

"据我了解，钟院士除了跑步、游泳外，还经常练习单杠、双杠和拉力器等，有氧练习和抗阻运动结合得也很好。"曾致远赶紧插上一句。

"你怎么不说是练太极拳的原因呢?"曾爷爷听到曾致远接话就又来气了。

"当然练习太极拳、八段锦这些都很好，而且是适合老年人的运动，我刚才也说过了。不过任何运动都有好处，同时也具有一定的局限性。身心运动对于老年人健康促进的确有独到之处，但是在延缓肌肉流失和骨质疏松症方面，抗阻练习更有针对性。"林思媛赶紧接话道。

"这样啊，你的意思是我还可以继续练八段锦和太极拳，只是再加一些抗阻练习，类似举举哑铃是吧?"曾爷爷领会意思还挺快。

"是啊，这样效果就会更好一些。"林思媛长舒了一口气，心想老人就是老小孩，也需要哄啊。

曾致远笑着看向林思媛，并竖起了大拇指，小声道："还是你厉害！"

◎ 基本知识点

1. 太极拳和八段锦的技法特点

太极拳是一种深深植根于中国传统文化的运动形式，既注重身心协调，又重视呼吸、意念和身体动作的融合。这种运动形式倡导内外兼修，通过优雅流畅、绵延连贯的动作，达到形神兼备、表里俱济的境界。其特点主要表现为动作柔和缓慢，思想恬淡虚无，姿态行圆体松，呼吸细匀深长，步法虚实转换。练太极拳时要有"螺旋"意识，非圆即弧，非顺即逆。虚实、快慢，都是在螺旋中运动、变化，从而形成"缠丝内劲"。

八段锦文字记载首见于北宋，流传至今已有 800 多年的历史。八段锦既有动作的导引，又有呼吸和意念的配合，通过调身、调息和调心促进强壮筋骨、疏通经络、调和气血、改善机体与脏腑功能，从而达到修身养性、延年益寿的目的。其技法特点主要表现为式正招圆、柔和缓慢、松紧结合、动静相兼、神于形合、气寓其中。

2. 太极拳和八段锦的健康效益

太极拳和八段锦同属于中国传统体育养生方法范畴——"动以养生""形不动则精不流，精不流则气郁"。不同于西方体育对肌肉壮硕、骨骼强健的追求，太极拳和八段锦是以脏腑气血的健旺达到筋骨的强健，实现"不治已病治未病"的强体防病功效。太极拳和八段锦和针灸、推拿一样，是中医运动疗法的一种项目，不仅是一种传统的养生方式，也被证实是一种有效的康复和预防疾病的工具，它们的价值在现代医学领域得到了广泛的认可和重视。

太极拳、八段锦等民族传统体育项目属于典型的身心运动，在提高机体免疫力、调节血糖、控制血压、改善心血管功能、增强运动系统功能等方面已经得到国内外科学家的证实。2010 年和 2012 年美国塔夫茨大学医学院和俄勒冈研究所先后在医学国际顶尖期刊《新英格兰医学杂志》（*The New England Journal of Medicine*）上发表关于太极拳对纤维肌痛和帕金森患者的干预效果研究，结果表明，太极拳可以有效治疗纤维肌痛，改善帕金森患者的平衡障碍，降低跌倒的风险。2016 年，美国国立卫生研究院在大量关于太极拳与健康的研究结果数据的基础上，以《太极拳和您的健康：古为今用》为题，撰文向民众推荐太极拳。近期，国内学者也通过研究证明太极拳能显著提高膝关节骨性关节炎患者微循环功能，并降低炎性因子水平，减轻膝关节疼痛以及提高膝关节活动能力，且太极拳联合抗阻训练干预效果更佳。

◎ 常见误区

1. 太极拳、八段锦等民族传统体育项目只适合老年人

这种说法是错误的。尽管我们常在公园、广场等公共场所见到许多老年人在进行这类运动，但这并不意味着它们仅限于老年人群。

太极拳与八段锦都以身心合一、动静结合为主要运动特征，运动过程中动作流畅、优雅，可以提升身体的柔韧性、平衡性和肌肉力量。此外，这两种运动方式也具备显著的心理健康效益，如缓解压力、焦虑等，还能有效改善身体机能，提升免疫力，以及增强注意力。在现代社会，生活节奏快，压力较大，而太极拳与八段锦提供了一种缓解生活压力、关注身心健康的方法。因此，无论是对于需要处理高压生活环境的年轻人和中年人，还是需要提升注意力和自我意识的儿童，太极拳与八段锦都具有一定的实用性。总而言之，无论年龄大小，只要有兴趣，都可以学习和练习中国传统运动，身心受益。

2. 学习太极拳和八段锦等项目只需要简单比划动作准确即可

这种理解是错误的。太极拳和八段锦等运动，虽然看起来动

作简单，但它们的每一个动作都有其深远的内涵和精细的技巧，需要在专业指导下反复练习和领悟。太极拳融入了阴阳、五行等哲学理念，以及经络、气血等中医理论，而八段锦也强调了动静结合，调和呼吸，以达到锻炼身体和调节心理状态的效果。这些要领都需要在专业指导下逐步理解和领悟。在动作执行上，尽管它们看似轻松、平缓，但每一步动作的精准度、力度控制、呼吸配合等细节，都需要严谨的技术指导。错误的姿态或者运动方法，例如姿势不正确或动作过大、过快，可能导致关节扭伤或肌肉拉伤等身体伤害。因此，太极拳和八段锦的学习并非简单地模仿动作，尤其是初学阶段，需要在专业的指导和训练下进行，既要学习其外在的"形"，还要领会其内在的"神"。

3. 太极拳、八段锦等身心运动强度低，健身效果差

这种说法是错误的。尽管身心运动的运动强度不大，但是其健身效果是毋庸置疑的。八段锦、站桩、太极拳等传统运动是以中医的基础理论为指导，通过"调身、调形、调息"，达到畅通气血、培育元气的目的，在临床慢性疾病辅助治疗、预防跌倒等方面，得到了广泛的应用，尤其是太极拳对老年人有着良好适应性与安全性；规律地进行太极拳锻炼可有效增强步态稳定性，促进平衡控制能力。起源于宋代的八段锦，被认为是古代的医疗体操，动作名称以"动作+功效"体现，如"双手托天理三焦，摇头摆

尾去心火"等。但是，有氧、抗阻、身心运动等不同种类的运动项目，其作用也存在差异。在强壮肌肉、增加力量方面，太极拳和八段锦与抗阻运动结合的形式最为理想。

◎ 科学健身建议

1. 太极拳和八段锦练习时要注意精细化的运动技巧和关节保护

在练习太极拳和八段锦等运动时，应重视运动技巧的精细化以及关节的保护。对于涉及膝关节运动的练习，可以通过正确调配下肢各肌群的力量输出，以减轻对膝关节的冲击和磨损。此外，运动与呼吸的同步也不容忽视，注意将动作的升降、开合与呼吸结合。

2. 太极拳和八段锦运动以外可适当结合抗阻训练

太极拳和八段锦都属于身心运动，长期锻炼可以有效提高心血管系统功能，提升平衡感和身体柔韧性，但它们在增强肌肉力量和耐力方面的效果相对较弱。阻抗训练通过对抗外部阻力来激发肌肉纤维，从而提升肌肉力量和耐力，可以有效弥补太极拳和八段锦在肌肉力量提升方面的不足。此外，阻抗训练还能通过刺激骨骼对抗外部压力来提高骨密度，这对于预防骨质疏松症非常重要。最后，阻抗训练还能提高基础代谢率，有助于体重控制和健康管理。因此，结合阻抗训练，可以使太极拳和八段锦等运动在增强柔韧性、平衡感和心肺功能的同时，更全面地提升身体机能。

12

血糖升高后该怎么运动？

和叶奶奶一样爱跳广场舞的姚奶奶，是叶奶奶的好朋友，她们经常一起运动和聊天。最近，姚奶奶经常愁容满面，好像心里有什么事似的，对一向喜欢的广场舞也没那么大兴趣了。

今天，姚奶奶来家里做客，叶奶奶赶紧问出心中的疑惑："这两天是怎么回事儿啊？跳广场舞时都没看到你。"

"是啊，以后可能都跳不了，今天过来找你聊天儿也想跟你说一下这个事情。"姚奶奶看上去不太开心。

"为什么啊？跳得好好的，怎么突然就不跳了？"叶奶奶感觉很惊讶。

"不是前段时间单位安排退休人员体检嘛，这几天体检报告出来了，我竟然被检查出了高血糖。唉，看来以后要少活动了，在家安心养病吧。"姚奶奶无奈地说道。

这个时候，当医生的林思媛洗好水果送过来，正好听到姚奶奶的事情，觉得有些问题，赶忙问道："姚奶奶，您确诊是糖尿病了吗？医生有没有说什么运动不能做，或者不建议您运动？"

"那倒不是，但体检报告出来了，血糖高，基本上确定是糖尿病。这几天我儿子在帮我约医院的专家号，准备过两天去看医生。"姚奶奶回答道。

"这样啊！您自己感觉符合'三多一少'（多食、多饮、多尿、体重减轻）的特征吗?"林思媛虽然不是内分泌科的医生，但关于糖尿病的一些基本医学知识还是了解的。

"是啊，你说的这些是有的，看来是真的了。"姚奶奶知道林思媛是医生，就更加确定结果，也就更加担心了。

"您也别太担心，现在医疗手段有了很大提升，遵从医嘱，调整生活方式，并好好接受治疗就能很好控制血糖。"林思媛安慰姚奶奶道。

"是啊，但以后广场舞可就跳不了喽。"姚奶奶苦笑着说。

"那可不一定，我刚才问您是不是医生不让您运动，就是想说医生一般不会阻止您适当运动的。实际上，健身锻炼有助于预防糖尿病的发生，同时也可以帮助降低患病带来的其他风险。"林思媛给姚奶奶讲起了糖尿病知识。

"是吗? 我还可以跳广场舞?"姚奶奶赶紧问道。她最近不开心，一方面的确是因为体检查出了糖尿病，另一方面就是她认为得了糖尿病就要好好养着，不能乱动，自己喜欢的广场舞也就不能跳了。

"当然可以跳。根据您的情况来看，您可能患了 2 型糖尿病，这是患者占比非常高的一种糖尿病。2 型糖尿病患者是可以适当运动的，国内外一些权威机构还专门提出了针对这类患者的运动建议呢。"林思媛回答道。

"是吗？里面是怎么说的？"姚奶奶虽然没听说过什么机构，但她认为既然是林思媛说的，肯定有一定权威性。

"其中一条就是强调要进行规律的有氧运动，明确进行定期规律的有氧运动有助于降低血糖。"林思媛用手机翻出了美国运动医学会发布的最新版指南读给姚奶奶听。

"你说的有氧运动就包括跳广场舞吗？"在一旁一直听着的叶奶奶问道。

"对的。广场舞、慢跑、骑自行车等中低强度的运动都属于有氧运动。只是要合理安排运动时间和强度，你们应该都是可以继续一起跳广场舞的。"林思媛试图打消两人的顾虑。

"那你刚才说的这个指南还有什么要注意的？"姚奶奶继续问道。

"里面还说餐后进行适当的身体活动可以降低血糖。当然你们平常饭后跳广场舞是可以的，指南里就说了要尽量饭后运动而不是饭前，不跳广场舞的时候也可以饭后做一些其他运动，包括散步等。"林思媛一边看指南一边解答。

"嗯，你说的是要着重注意饭后的运动是吧？那我以后也要多加注意了。"姚奶奶认真地记下林思媛的话。

"另外还要注意的是，虽然持续的有氧运动有助于控制血糖，但也要注意运动的时间，避免太长时间的运动，以免引起低血糖。"林思媛继续读指南。

姚奶奶不解地问道："我血糖高，怎么还会低血糖呢？"

"长时间大强度运动会消耗血糖，可能引起血糖过低，血糖过高和过低都是不利于健康的，保持血糖相对稳定很重要。"林思媛解释道。"您也不用太担心，后面很多注意事项医生也都会跟您说的，比如增加一些适当的力量练习，等等。"林思媛看着指南又说了一些注意事项。

"是的，你今天讲的内容挺多的，我大概懂了，谢谢你！"姚奶奶感谢道。

"不客气！祝您早日康复！"林思媛向姚奶奶送上了祝福。

"看来我们以后可以继续一起跳广场舞了，但有不少事项还要多加注意。"叶奶奶握着姚奶奶的手说道。

"太好了，可以继续跳舞了！"姚奶奶开心地说道，心情也好了很多……

◎ 基础知识点

1. 糖尿病的定义及分类

糖尿病是一种胰岛素绝对或相对分泌不足和（或）胰岛素利用障碍引起的代谢性疾病，以血糖浓度升高为主要标志。糖尿病的典型临床表现为"三多一少"，即多饮、多尿、多食和体重下降，以及血糖高、尿液中含有葡萄糖等。糖尿病病程久，可引起多系统损害，可导致眼、肾、神经、心脏、血管等组织器官的慢性进行性病变、功能减退等。

按照世界卫生组织的分型，糖尿病主要可分为 1 型糖尿病、2 型糖尿病、妊娠期糖尿病和特殊类型糖尿病等。1 型糖尿病是由于胰岛 β 细胞功能障碍、胰岛素绝对不足引起的一种糖尿病，通常在儿童青少年阶段发病。2 型糖尿病主要是由于胰岛素分泌不足或者机体不能有效利用胰岛素（胰岛素抵抗）导致的糖尿病，主要发生在成年人中，但现在在青少年中也越来越常见。这种类型的糖尿病通常与肥胖、年龄、遗传和生活方式等因素有关，是最常见的糖尿病类型，占糖尿病总量的 90% 以上。妊娠期糖尿病是在妊娠中期或晚期诊断出的糖尿病，而在妊娠前没有糖尿病。大多数情况下，妊娠期糖尿病在生产后会消失，但这些女性以后患 2 型糖尿病的风险增加。特殊类型糖尿病是由于其他特殊原因引发的糖尿病。

2. 糖尿病的诊断

糖尿病主要是通过测试血糖相关指标进行诊断。《中国 2 型糖尿病防治指南（2020 年版）》对于糖尿病诊断的主要测试包括：空腹血糖测试、随机血糖测试和口服葡萄糖耐量测试（oral glucose tolerance test，OGTT），同时也建议把糖化血红蛋白（HbA1c）作为补充诊断标准。诊断糖尿病往往并不是基于一次单一的测试结果，通常需要多次重复测试以确认诊断。

3. 老年糖尿病的血糖控制标准

根据《中国老年 2 型糖尿病防治临床指南（2022 年版）》，老年人的血糖控制标准为空腹血糖值在 4.4~7.0 mmol/L，餐后 2 小时血糖应小于 10.0（mmol/L），糖化血红蛋白应不高于 7.0%。

4. 2 型糖尿病的运动干预

《中国 2 型糖尿病防治指南（2020 年版）》明确指出，运动锻炼在 2 型糖尿病患者的综合管理中占重要地位。规律的运动可增加胰岛素敏感性、改善体成分及生活质量，有助于控制血糖、减少心血管危险因素，而且对糖尿病高危人群一级预防效果显著。

（1）适当运动可以降低糖尿病的发病风险。在全球糖尿病预防研究领域，我国于 1986 年开展的大庆糖尿病预防研究具有里程碑式的意义。该研究共计入选 576 例 IGT（葡萄糖糖耐量减低，即糖尿病前期）患者，将其随机分为生活方式（饮食、运动或饮食加运动）干预组与对照组，持续干预 6 年。结果显示，生活方式干预可预防或延缓糖耐量受损患者糖尿病的发病，可使 30 年随访时累计发生 2 型糖尿病的风险下降 39%，2 型糖尿病发病中位时间推迟 3.96 年。2023 年，复旦大学附属中山医院内分泌科在权威杂志《美国医学会杂志内科医学》（*JAMA Internal Medicine*）上发表了一项随机临床试验结果，表明 12 个月高强度或中等强度的有氧运动对中心型肥胖人群预防糖尿病的发生具有长期的有益作用。在 10 年随访期间，与非运动组人群相比，高强度和中等强度运动组人群糖尿病的发生风险可分别降低 49% 和 53%。

（2）运动干预是 2 型糖尿病患者生活方式干预的重要方面。科学研究证据显示，运动不仅可以预防糖尿病，也可以作为治疗糖尿病的手段，显著改善血糖控制，降低糖尿病并发症、心血管疾病风险及全因死亡风险，改善心理状态及提高生活质量等。运动干预已经成为临床糖尿病管理的重要组成部分之一。《中国糖尿病运动指南》及《中国 2 型糖尿病防治指南（2020 年版）》均指出，糖尿病人群每周应至少进行 150 分钟中等强度以上有氧运动，并进行 2~3 次抗阻运动（力量练习）。

◎ 常见误区

1. 运动可以替代 2 型糖尿病的药物治疗

这种观点是错误的。虽然科学健身运动是帮助控制血糖的有效方法之一，但它不能替代药物或饮食治疗。糖尿病患者仍然需要按照医嘱服用相应的药物，定期检查血糖。

2. 运动量越大，降糖效果越好

糖尿病患者不能因追求降血糖而大幅度增加运动时间和运动强度，这样有可能造成血糖波动，甚至发生低血糖，得不偿失。糖尿病患者应根据自身情况选择适宜的运动量，保证运动的合理性和安全性。同时，还需要注意防止高血糖引起的水、电解质、脂代谢和酸碱平衡紊乱。

3. 只进行有氧运动就足够了

说起运动，2 型糖尿病患者往往想到的是跑步、快走、跳舞等有氧运动。这些有氧运动确实有助于显著增加能量消耗，帮助改善体成分，降低身体脂肪量，有效控制血糖。然而，近年来的研究日益表明，抗阻运动（力量练习）对 2 型糖尿病患者也有明显好处。骨骼肌是血糖的重要利用器官，抗阻运动可以促进肌肉力量和质量的增长，提高胰岛素敏感性，促进血糖的吸收和利用，有助于控制血糖。因此，采用有氧运动和抗阻训练相结合的运动干预方案，在控制血糖和提高胰岛素敏感性方面可能优于单一的有氧运动或抗阻运动。

◎ 科学健身建议

1.2 型糖尿病患者运动建议

目前，国内外多个权威机构都发布了关于 2 型糖尿病患者的运动指南和建议。《中国 2 型糖尿病防治指南（2020 年版）》建议，成年人 2 型糖尿病患者每周至少进行 150 分钟（如每周 5 天、每次 30 分钟）中等强度的有氧运动。即使进行 1 次短时的体育运动（如 10 分钟），每天累计 30 分钟，也是有益的。如无禁忌，每周最好进行 2~3 次抗阻运动（两次锻炼间隔≥48 小时），锻炼肌肉力量和耐力。锻炼部位应包括上肢、下肢、躯干等主要肌肉群，训练强度宜中等。联合进行抗阻运动和有氧运动可获得更大程度的代谢改善。

2022 年，美国运动医学会对 2010 年发布的 2 型糖尿病运动立场进行了更新，对 2 型糖尿病患者的运动提出了新的建议指南。该指南进一步强调，规律的有氧运动可以改善 2 型糖尿病成年患者的血糖水平，患者每日出现高血糖的时间较少，且每日总血糖降低 0.5%~0.7%（以糖化血红蛋白测量）。相较于低强度抗阻运动，高强度抗阻运动在血糖整体管理和降低胰岛素水平方面有更好效果。无论运动强度或运动类型，餐后运动的能量消耗均可降低整体血糖水平，持续 45 分钟以上的运动可以提供最稳定的获益。每天进行少量多次的活动以打破久坐行为，可以适度降低餐后血糖，对于有胰岛素抵抗和 BMI 较高的患者更加有益。为减少 2 型糖尿病患者的内脏脂肪，需要每周进行 4~5 天中等强度的运动。

2. 2 型糖尿病患者进行健身运动时的注意事项

除参考上文提到的运动建议和指南外，2 型糖尿病患者在进行运动前或运动中也应注意以下几个方面的问题：

（1）2 型糖尿病患者运动前进行必要的健康评测和运动能力评估，有助于保证运动治疗的安全性和科学性。

（2）运动项目的选择应与年龄、病情、喜好及身体承受能力相适应，并定期评估，适时调整运动计划。

（3）为防止运动期间和运动后出现低血糖，建议使用胰岛素或胰岛素促泌剂的 2 型糖尿病患者根据需要补充碳水化合物。

13

运动有助于睡眠吗？

国庆长假期间，曾致远一家前往林思媛的好朋友李太太家做客。李太太热情地招待大家，为孩子们准备了零食和玩具。

几个孩子见了面格外兴奋，两家父母也相见甚欢，就在一块儿聊起来了。

"为了欢迎你们的到来，我做了好多拿手菜，一会儿一起尝尝。"李太太指了指满满一大桌子的菜肴。虽然已经是两个孩子的母亲了，李太太依旧神采奕奕。

"你真是有心啊，我在家天天为孩子们的饮食发愁，总想着变着花样地为他们做好吃的。"林思媛不住口地夸赞着。

曾致远说道："是啊，孩子们在长身体，不论是学习、饮食、睡眠，还是其他生活方式，总想着要为他们安排妥当。"

"我们家何尝不是呢，有时我俩还会为了孩子们的教育方式起争执呢。"李先生也表示赞同。在之后的聊天中，大多话题都围绕着孩子，大家分享了很多教育方法和理念，家中的笑声和聊天声此起彼伏。

不一会儿，李先生打了几个哈欠，显得无精打采。细心的李太太注意到了异常，立刻询问起来："老李，是不是累了？昨天晚上是不是又没睡好？"

李先生皱着眉头叹起气来："唉，这段时间一直睡不踏实，躺在床上翻来覆去睡不着，到凌晨才能勉强入睡，夜里又常常醒来，早上起床后更是难受，感觉昏昏沉沉的不清醒。"

李太太着急地说道："是啊，我都愁了好久了！给老李试了好多方法，热牛奶、精油、泡脚、睡前尽量减少手机使用……效果都不是特别显著。你们一位是教授一位是医生，有没有什么更好的方法呀？"

作为医生的林思媛安慰道："当然有办法啦！运动对我们健康的方方面面都有益处，即使是少量的体育活动也可以帮助我们改善情绪和认知功能，降低患病风险。不仅如此，运动还能帮助我们睡得更好，不妨试试？"

曾致远也点头表示同意林思媛的建议，并说："是啊，每天运动半小时以上，睡眠质量会更好。也可以试试力量训练，效果也很好。"

"难道不是慢跑这一类的有氧运动才更有助于睡眠吗？"林思媛反驳道。

李先生和李太太都疑惑了。李太太说道："既然你俩各执一词，不如说说具体好在哪里吧。"

一场激烈的"辩论赛"就此展开……

只听林思媛娓娓道来:"有规律的有氧运动能带来三个重要的益处——帮助更快入睡、拥有更多深度睡眠以及减少夜间醒来,所以我才说有氧运动对助眠的效果更好。"

曾致远也说出了力量训练的益处:"虽然大家通常认为有氧运动对睡眠有好处,但是最近有一些研究指出,力量训练不仅能够改善焦虑、抑郁的情绪,也有助于改善不经常运动的成年人的睡眠质量,特别是针对那些睡眠不好的人,低至中等强度就可以起到作用。再加上注重蛋白质摄入,从而达到更好的锻炼效果。"

林思媛补充道:"有氧运动不仅有我之前说的益处,还能够增加慢波睡眠量。慢波睡眠也叫深度睡眠,有利于大脑和身体在深度睡眠中恢复活力。"

"力量训练不仅可以增加睡眠时间,还能加快入睡速度呢。"曾致远也不甘落后。

"哈哈,两位的专业知识真是让人钦佩啊!看来不管是有氧运动还是力量训练,都是对身体有好处的,现在最重要的是让老李运动起来!"李太太打断了两人的"辩论"。

"对,对,应该让老李先动起来。"曾致远和林思媛不约而同地说。

半个月后,曾致远和林思媛带着孩子们在球场上运动时,碰巧遇见了李先生在练球,比起上回去他家做客时,李先生的状态好了不少。三人交谈了起来。

"也就两周没见，老李的精神越发好了呀！"曾致远走上前打起招呼。

李先生满面笑容地说："可不是嘛！我按照你们夫妻的提议做点功课，这段时间一直保持着运动的习惯，晚上睡得香了，夜里醒来的次数也变少了，有时候还能一觉到天亮呢！"

林思媛补充道："这得长期坚持才有更好的效果，不过运动也不仅起到助眠的作用，对心血管啊、身体各器官啊都有很多益处呢。"

"是啊，每天花些时间运动一下确实让我感觉更好。我也打算长期保持这个习惯了，可真得感谢你们出的主意！过段时间空了，再带着孩子们来玩啊。"李先生盛情邀请道。

"一定一定，回见！"曾致远回应道。

◎ 基础知识点

1. 睡眠的重要性

睡眠与我们的心理和生理功能密切相关，是维持人体健康不可或缺的关键环节。睡眠阶段分为五个阶段：入睡期（昏昏欲睡的感觉）、浅睡期（进入无意识阶段，但较容易被吵醒，睡眠状态不稳定）、熟睡期、深睡期（即非快速眼动期，此时不易被吵醒），以及快速眼动期（常有翻身的动作，并很容易惊醒）。

人的一生中约有三分之一的时间都是在睡眠中度过的，睡眠也是人类正常认知活动必要的保障。良好的睡眠能够消除疲劳，恢复体力；保护大脑，提高记忆；增强免疫力；促进生长发育；还能有助于心理和身体健康。因此，为了保持身心健康，预防慢性疾病，需要在一周内（包括周末）保持一致的睡眠/觉醒模式。此外，睡眠还具有存储、巩固记忆和清除脑内代谢废物的作用。健康的睡眠对认知功能具有促进和增强的作用，而睡眠不足则可能增加阿尔茨海默病、帕金森病、抑郁症等疾病的患病风险。近期的一项研究揭示了睡眠、运动和久坐三类可调控行为与痴呆发生风险之间的单独和联合关系。研究发现，这三类行为对于痴呆风险的影响具有联合作用，即每天 7 小时的睡眠时间，结合中高水平的休闲运动量以及较短的久坐时长能够使痴呆发生风险降低 41%。

最近也有研究报道了身体活动和睡眠对健康的联合影响效应，结果发现，较差的睡眠会增加全因死亡和心血管疾病死亡风险，而较低的身体活动可能进一步增加这些疾病风险。因此，这项研究提示，睡眠和运动对健康都很重要，对那些睡眠质量不好的人群来说，适当运动提高身体活动水平，能够有效减轻睡眠问题可能造成的健康风险。

2. 运动与睡眠的关系

很多人坚持运动的主要目的是强身健体、减肥塑形，但是适量的健身运动作为一种安全易行的、改善睡眠的手段已经得到越来越多的认可。已有多项研究证实了适当的运动对睡眠的积极促进效应。比如，龚明俊等人的荟萃分析探讨了不同运动方案及持续时间对睡眠障碍者的影响后，发现运动锻炼具有明显改善睡眠障碍的效果，每周锻炼 3 次、每次锻炼持续 60 分钟左右、持续 16 周左右的运动改善睡眠障碍的效果显著。[①] 吴炜炜等人评价了太极与气功等中国传统健身运动对老年人睡眠质量影响的荟萃分析后提出，传统健身运动能够提高老年人的睡眠质量，并减轻焦虑情绪水平。[②]

◎ 常见误区

1. 抗阻力量训练对促进睡眠没有作用

这个观点是错误的。通常，有氧运动对睡眠的促进效果得到了广泛的研究。事实上，适度的力量训练和拉伸运动对改善睡眠也有积极作用。研究表明，规律的抗阻力量练习可以促进睡眠的各方面指标，对于睡眠质量具有明显促进效应。而且，最近的一项研究对比了有氧运动和抗阻力量练习对成年人睡眠影响的差异，

---

① 龚明俊，付皆，胡晓飞. 运动锻炼干预睡眠障碍效果的 Meta 分析 [J]. 中国体育科技，2020，56（3）：22-31.
② 吴炜炜，兰秀燕，邝惠容，等. 传统健身运动对老年人睡眠质量影响的 Meta 分析 [J]. 中华护理杂志，2016，51（2）：216-224.

发现有氧运动和力量练习对睡眠都很重要，力量练习在提高夜间睡眠质量方面可能更胜一筹。对于有睡眠障碍的人群，应该考虑在常规有氧运动的同时，每周增加两次或更多的力量训练，以改善自身肌肉和骨骼的整体健康，同时有助于改善睡眠。此外，研究发现瑜伽运动也能有效地提高老年人的睡眠质量，调节老年人的抑郁、紧张、焦虑等不良情绪，并对老年人的身心健康起到积极的作用。

2. 运动越剧烈越有助于睡眠

这个观点是不正确的。部分人认为运动越剧烈、负荷越大，越有助于睡眠，其实不然。虽然适当运动有助于提升睡眠时长和睡眠质量，但是运动对睡眠的促进效果，也取决于运动强度是否与个体身体机能状况匹配。来自芬兰赫尔辛基大学医学院和澳大利亚弗林德斯大学的研究学者联合发表的一项新研究发现，前一天剧烈运动不仅与提高睡眠质量无关，反而会导致晚上睡眠时间缩短。因此，中等强度的运动是更适合的选择，例如慢跑、骑自行车游玩或出行、双人网球、打高尔夫或划船等。

◎ 科学健身建议

1. 不同年龄人群睡眠推荐时间

2019 年，国家卫健委发布《健康中国行动（2019—2030

年）》，提到成人每日平均睡眠时间从 2022 年起到 2030 年要达到 7~8 个小时，并明确了不同人群的睡眠推荐时长。

（1）小学生：每天睡眠 10 个小时。

（2）初中生：每天睡眠 9 个小时。

（3）高中生：每天睡眠 8 个小时。

（4）成年人：每天睡眠 7~8 个小时。

2. 运动促进睡眠建议

根据现有的研究，适量的一次运动或规律的运动均可在一定程度上促进睡眠。适当的运动可以改善失眠和阻塞性睡眠呼吸暂停等症状。在运动形式方面，有氧运动和抗阻运动练习均有助于改善睡眠。

因此，对于运动促进睡眠的相关建议有以下几个方面：

（1）没必要过于纠结到底是什么运动更有助于睡眠，应该选择并坚持适合自己的运动项目，将有助于持续改善睡眠。

（2）在运动量（强度、时长和频率）方面，由于个体差异，尚无专门用于改善睡眠的统一推荐。但基于现有研究成果，保持每周至少 150 分钟的中等至高强度有氧运动，并适当融入抗阻训练，将有助于提高睡眠质量。

（3）在运动时间点方面，临近睡觉前不要进行剧烈运动，以免影响睡眠。但是，睡前适当进行一些放松、拉伸练习有助于睡眠。也有研究发现，下午进行运动比早上进行运动更有助于睡眠质量提升。当然，这并不代表早上运动不利于睡眠。

除进行适当的健身运动以外，在促进睡眠方面还有以下几方面建议：

（1）下午和晚间尽量减少茶、咖啡等容易导致兴奋的物质摄入。

（2）保持规律的作息时间，养成规律的生活习惯。

（3）避免在睡前过多使用电子产品。

（4）睡前避免过多饮食，食物消化过程会影响睡眠。

『瑜伽病』是怎么回事儿？

林思媛为了保持身形、缓解压力，在坚持打羽毛球的同时，还在一家健身房办了会员卡，有空的时候就会去进行有氧操和瑜伽练习。由于平时医院工作和家务繁忙，她尽量保持双休日和工作日各去 1 次的频率。

临近年底，林思媛变得越来越忙碌，她经常要开会、加班和处理各种日常事务。虽然她最近感到肩膀、颈椎、腰椎等部位有些不舒服，睡眠质量也不太好，但也只能硬撑着。她已经好久没去健身房了。

终于这周末不用加班了，虽然天气不算太好，但林思媛依然决定要去练瑜伽。早餐后，她开车来到健身房，赶着上 10 点的瑜伽课程。由于长时间没练瑜伽，林思媛明显感觉到自己关节的灵活性和韧带的柔韧性有所下降，以至于有点儿力不从心而不太跟得上进度了。但林思媛好胜心较强且不肯轻易服输，于是她仍然咬牙坚持练习三角式、下犬式、树式、金字塔式等瑜伽动作，不断挑战自己身体的极限……

在音乐和瑜伽教练口令的指导下，课程已进行了 40 分钟，从热身环节开始，经过跪姿体式、站立体式和坐姿体式的练习，逐渐过渡到更具挑战性的部分。在进行"犁式"练习时，林思媛和从前一样，身体向后翻，试着把身体倒过来让脚尖去接触后面的瑜伽垫，却突然感觉后背一阵疼痛，忍不住大叫一声"啊"，一动不动地躺在瑜伽垫上，把周围的人都吓坏了。

"你这是怎么了？哪里不舒服？"教练赶快跑过来把林思媛扶起来，让她在旁边靠墙先休息一会儿。

"我觉得腰部没法动了，应该是伤到腰背了。"林思媛凭着自己的医学知识，详细地跟教练描述自己的问题。

"这样啊，还是有点儿严重的。你先靠墙休息不要动，我去叫车送你去医院。"助理教练赶忙叫了出租车，小心翼翼地将林思媛扶上车，送她到附近的医院去挂了急诊。

"医生，您好！我感觉刚才练瑜伽的时候腰背部扭伤了，麻烦帮我看一下是否需要拍个 X 光片？"本身自己也是医生的林思媛，还是比较清楚诊断流程的。

"是的，先去拍个吧，拍好一会儿回来找我。"医生跟林思媛说。

不一会儿，林思媛在助理教练的帮助下拍好 X 光片后回来找医生询问："医生，您看我这个情况严重吗？"

"还好没有伤到骨头，只是肌肉扭伤，并无大碍。"医生仔细看了看片子后回答道。

"你是经常练习瑜伽吗？今天是怎么回事儿？"医生想进一步了解林思媛受伤的原因。

"我属于是长期电脑前工作，腰背承担较大负荷，应该是最近半个多月没怎么练瑜伽了，有点儿生疏，今天只顾着急赶进度了，热身活动做的也不够。"林思媛开始反思自己这次受伤的原因。

"是的，应该是练习瑜伽时腰部用力不正确。你是在做什么动作时感受到不适的？"医生接着问。

"是在做瑜伽的'犁式'练习时，身体要向后翻，然后把身体倒过来，让脚尖去接触后面的瑜伽垫……"说着林思媛开始跟医生具体描述受伤的过程。

"瑜伽包含了许多反关节动作，风险很高，成年人练习瑜伽要慎重，千万不要过分追求难度动作，而且一定要注意循序渐进，做好准备活动。"医生一边给林思媛做牵引，一边叮嘱林思媛。

"是的，以后得多加注意。最近太忙了，练习的时候也是有点儿着急了。我这次应该受伤不严重吧？"林思媛向医生询问。

"这次还好伤得不严重，但也不能掉以轻心，多休息，并按时做理疗。"医生叮嘱道。

回到家，叶奶奶看着受伤的林思媛，既心疼又担心。晚上曾致远回来了解情况后也认为练习瑜伽确实有伤病风险，劝说林思媛："以后练习瑜伽一定要多注意。任何一项运动都有其独特性，同时也具有一定的局限性。但是受商业营销和过度包装等因素影响，瑜伽的功效被神化了，似乎人人都可以练习瑜伽，甚至瑜伽可以包治百病。实际上，在规范的瑜伽教材或视频教程中，前言部分都有提醒：在征得医生同意后再练习瑜伽。"

曾致远补充说道："瑜伽运动包含倒立、扭转、平衡等动作，对关节、韧带和自控能力要求高，有基础疾病者练习瑜伽存在一定的受伤风险。如果不遵循瑜伽练习的基本原则，盲目追求高难度动作，确实容易导致伤害事故的发生，中老年及基础疾病患者更要慎重。虽然瑜伽课程中有'理疗瑜伽'，具有一定的临床辅助治疗作用，但瑜伽不是万能的，练习瑜伽切忌盲目跟风。"

林思媛感到很委屈，为什么很多女性练习瑜伽，健身效果也很好，而人们对瑜伽却有那么多误解呢？

◎ 基础知识点

1."瑜伽的禁忌"——基础疾病患者练习瑜伽须知

美国瑜伽协会建议，普通人在练习瑜伽之前要做好全面的身体检查，经过医生同意后才能练习瑜伽，而且有基础疾病者要避免容易造成损伤的瑜伽体式。常见基础疾病患者练习瑜伽的禁忌，可以参考以下建议：

（1）腰椎间盘突出患者：不适合弓式、上犬式、前屈脊柱延展式（包括坐位和站姿）、向太阳致敬式、轮式。

（2）颈椎病患者：不适合肩肘倒立、犁式、兔子式。

（3）高血压患者、眼压高者：不适合船式、向太阳致敬式、抱头倒立式、金字塔式、孔雀式。

（4）膝关节炎患者：不适合卧姿英雄式、牛面式、马脸式、鸽子式、莲花坐、射手式。

（5）失眠患者：不适合后弯类体式练习，如弓式、上犬式、轮式。

（6）股骨头、髋关节相关疾病患者：不适合束角式、鸽子式、半鸽式、牛面式。

（7）女性生理期：不适合倒立类体式，如抱头倒立、肩肘倒立；劈腿类体式，如神猴哈奴曼式、坐姿广角式、花环式；力量类体式，如船式、钟摆式。

2. 容易发生"瑜伽病"的身体部位

国内外相关文献显示，"瑜伽病"与练习者的年龄、性别、练习年限等因素有关。练习瑜伽时的受伤风险相对较小，少有的运动损伤主要包括肌肉和韧带拉伤、膝关节疼痛、颈椎受伤和倒立后跌倒导致的挫伤。与跑步、有氧操等项目相比，瑜伽练习者的大腿后韧带、颈椎、腰椎和半月板等部位的损伤风险高。练习瑜伽前要注意充分热身，避免追求超出自己能力范围的高难度动作。

◎ 常见误区

1. 在瑜伽老师带领下练习就很安全

这个观点不正确。在瑜伽课堂上曾发生过髌骨脱落、骨折、筋膜撕裂，甚至导致截瘫等悲剧，而其中有些问题恰恰是由于教师对瑜伽体式的错误理解造成的。有些年轻的、资历较浅的瑜伽老师可能追求把体式做得更深入、更漂亮、更高级，常常鼓励会员："再坚持一下！你肯定可以超越自己的！"在瑜伽练习中，坚持练瑜伽的人，背柱的灵活性会更好。体式练习的核心围绕脊柱的前屈、后弯、扭转、侧伸展而进行，不是简单的"拉筋"。瑜伽老师不仅要熟悉掌握体式，还需要学习人体解剖学、生理学、瑜伽哲学和教学法等相关理论，能够根据学生的不同情况设计不同的教学内容。社会上对美国瑜伽联盟（American Yoga Alliance）认证瑜伽教师（registered yoga teacher，RYT）证书的认可度较高，获得这种认证需要经过至少 200 小时的集中培训和严格的考试。因此，选择有授课资质的、教学经验丰富的老师，练习瑜伽才更加安全。

2. 瑜伽练习次数多多益善

这个观点不正确。有些人为了达到快速减肥塑身效果而突击式练习瑜伽，殊不知这种行为风险很高。瑜伽体式意为"稳定地、舒适地保持一种姿势"，其运动风格相对柔和，而不同于现代竞技运动，不应导致肌肉、韧带和关节的过度疲劳。一方面，瑜伽练习要养成习惯，保持一定的运动量和强度，既不要一曝十寒、浅尝辄止，又要避免急于求成、过度练习。普通练习者一般每次练习不少于30分钟且不超过2个小时，每周保持3~5次的频率较好。频繁、过度练习会适得其反。瑜伽体式是身心连接的载体，重视练习的过程。另一方面，不能用蛮力练习，瑜伽体式要在身心放松的状态下专注地锻炼，并且有些瑜伽体式是反关节的练习，不能操之过急或过分拉伸。

◎ 科学健身建议

无论是瑜伽练习者还是瑜伽老师，都要有风险意识，在练习中学会自我保护，避开不适合自己身体状况的体式，养成规律练习瑜伽的习惯，逐渐就能收获瑜伽健美形态、改善睡眠、平和心理等促进身心健康的益处。

1. 选择适合自己的瑜伽流派和课程

现实生活中，人们往往忽略了一些由于长期不良姿势和习惯等因素造成的身体问题，如经常跷二郎腿容易导致骨盆侧倾、左右臀部不对称等问题。在伏案工作人群中，颈椎增生、腰椎异位或钙化等情况也较为常见。这些潜在风险因素在运动中容易被诱发。瑜伽运动历史久远、流派众多、风格迥异，学习者首先要清楚瑜伽课程的分类，选择适合自己的瑜伽课程，不能盲目跟风。比如"空中瑜伽"是近年来的热门课程，但它对身体控制能力有很高的要求，适合身体素质好的人。湖北某健身房发生过空中瑜伽吊床绳索突然脱落、学员后脑勺着地摔下来的事故。一般来说，阴瑜伽、能量修复瑜伽、昆达里尼瑜伽的运动强度小、难度低，力量瑜伽或者阿斯汤嘎瑜伽的强度高、难度大，因此选择适合自己的瑜伽课程才是安全有效的。

2. 根据身体情况调整瑜伽练习计划

　　坚持规律地练习瑜伽，身体的柔韧性、平衡能力和力量等素质会越来越好，但身体表现是有波动的，进步的过程也是曲折的。在实践中，练习者在遵守练习计划的同时，还要根据自己的身体和生活状态做适当调整，如熬夜、身体疲劳、情绪低落时，可以降低动作难度和强度，甚至暂缓练习。此外，随着年龄的增长，身体组织和器官的功能会逐渐发生自然性退化，有些潜在的健康问题不容易被觉察到，瑜伽练习包含多种前屈、后弯、倒立、力量等练习，身体状态不佳时容易导致损伤，因此瑜伽练习要有详细的计划及合理的进度安排，并根据实际情况进行适当调整。

3. 遵循人体生理规律才能避免瑜伽损伤

瑜伽练习要遵循运动学原理，循序渐进。第一，要重视热身，练习瑜伽前要充分做好准备活动，对主要各关节和部位要进行拉伸，让关节和肌肉"预热"起来，使人体尽早进入运动的状态。第二，要控制好运动量和运动强度，不要越级练习，每个人都有一个适合自己的负荷水平，即使同一种瑜伽流派，体式也有入门、初级和提高等不同难度等级。如果练习者不考虑自己的身体情况，急于挑战难度动作，就容易出现损伤情况。第三，要尽量减少被动用力，如来自教练或同伴们的"按压"或"伸拉"，因为只有自己才最清楚是否用力过度。第四，要重视练习后的休息和放松，在专业瑜伽课堂上，瑜伽教师最后会安排 5~10 分钟的"大休息"，全面促进身体的恢复，练习者不应忽略这个环节。

4. 重视瑜伽练习中的个体差异

世界上没有两片完全相同的树叶，人的身体状况同样如此。教师和学生都应深刻认识到个体差异的存在，在常规练习的基础上兼顾个性化差异。运动负荷的大小、每次练习后与下次练习间隔的时间，都取决于个人的情况，瑜伽练习时间的长短，以及相关的运动基础。这些都会对瑜伽学习和练习产生直接的影响。例如小时候练习过民族舞蹈、芭蕾、体操等，那么身体的灵活性和协调性相对比较好，练习瑜伽就容易得心应手。相反，如果身体某些部位曾经有过损伤，比如膝关节或者腰椎等，那么在练习瑜伽过程中就容易被诱发出来，成为进步的障碍。此外，还有年龄和性别等因素，年轻人身体灵活，年长者身体僵硬；女性柔韧性好，男性力量强。而且，人体骨骼肌中肌纤维的比例是不一样的，"白肌"比例高者力量好，"红肌"比例高者耐力好。认识这些客观存在的个体差异，不盲目模仿他人，有助于减少瑜伽伤害事故的发生。

5. 避免盲目追求高难度体式

"用进废退"原理同样适用于运动领域。经常锻炼到的肌肉、关节和韧带，会逐渐强壮、灵活自如。但是如果停止练习一段时间后，曾经获得的平衡、稳定、灵敏、力量等素质会降低，原本轻松就可以完成的动作，比如孔雀式、蝎子式、乌鸦式等难度较高的体式，会变得生疏、笨拙甚至难以完成。因此，一旦因为主客观原因导致瑜伽练习出现了中断，那么再练习时要从基本的、简单的动作重新开始，逐渐才能慢慢恢复到原来水平。此外，基础尚不稳固时，不要挑战高难度动作，否则很容易造成运动损伤。瑜伽运动本身是非竞争性项目，以身心和谐、健康促进为目的，不提倡追求高难度动作。

15

我该不该做个运动『周末勇士』？

林思媛真是越来越爱运动了，至少在心理上已经有了很大的动力，那就是尽快地减脂塑形。周末一大早，林思媛就开始催促曾致远起来陪她去打羽毛球，这让还在熟睡中的曾致远满是怨言。

"大周末的就不能让我睡个好觉啊？周末就要好好休息，要不就是对周末的不尊重，知道吗？"曾致远极不情愿地说道。

"赶紧出发吧，我们这边羽毛球馆不支持提前预约，先到先得，周末人可多着呢，去晚了就没有场地了。"林思媛一边收拾，一边继续催促曾致远赶紧起床。

"那就别去了，其他时间去呗。好不容易到周末了，我要好好休息一下。"曾致远还是不愿动。

"你以为我是你呢，体育老师，可以天天锻炼。我们医生平常工作有多忙你又不是不知道，碰上急诊要加班儿，一家老小的生活起居还都要我照料，平常哪有时间锻炼？"林思媛开始向曾致远倒苦水。

"那倒是，老婆辛苦了！你天天忙里忙外的，确实付出了很多，平常锻炼的时间都没有了。"曾致远还是很理解林思媛的辛苦的。

"所以嘛，我要趁周末时间把平常的运动补回来，少休息一会儿没关系，我要把握好锻炼时间。"林思媛无奈地说道。

"是的，运动锻炼还是要坚持的，但你知道你现在叫什么吗？这就是大家经常说的'周末勇士'。只靠周末这一两次的锻炼能有效果吗？"曾致远还是认为有规律的、经常性的体育锻炼才有效果。

"这你就不知道了吧，当前有研究表明只在周末进行体育锻炼的人患病概率也是较低的，不管是什么时间运动，对于身体健康都是有益的。"林思媛用自己的医学专业知识给曾致远讲解。

"那么，你的意思就是一周锻炼一两次也是足够的了？如果按照你说的，像我们这样坚持经常锻炼的人岂不是白练了？"曾致远认为坚持锻炼是体育工作者的基本素养。

"经常锻炼当然是好的，现在多项运动指南建议，成年人每周要进行 150 分钟以上中等强度，或者是 75 分钟以上高强度的身体活动。但在运动频率方面，有的人运动时间充分，每周进行 3~5 次规律的运动当然是非常好的，但并不代表有些人选择利用零星的时间集中锻炼就没有效果。只要能达到指南中要求的运动强度和总时间要求，充分利用周末的时间进行 1~2 次的身体活动也是有益健康的。"林思媛继续给曾致远科普。

"好吧，既然你说到零星时间运动也是有效的，是否可以考虑一下平常多骑骑自行车上下班？上班的时候工作一个小时左右，或者做完一台手术后，花点时间去活动活动关节，做做拉伸和高抬腿等，这也是对身体有好处的。"说着曾致远开始从床上爬起来给林思媛做示范。

"嗯，你说得对，以后我就少开车，咱家到我单位的距离也不是很远，骑车也就 15~20 分钟。"林思媛认可了曾致远的建议。

"是的，开车还容易堵车，比骑车用的时间也少不了多少，这样也算是用零星时间锻炼了呀。"曾致远也帮林思媛算时间。

"然后我再充分利用好周末的时间加强锻炼，这样我的锻炼总时间就有充分的保障了，挺好！"林思媛对曾致远的建议表示认可，并给了曾致远一个大大的赞。

"另外，我还要跟你说一下周末运动需要注意的事项。平常锻炼少的人，如果一到周末就连续几个小时的大强度运动对身体也是有损害的，比如你今天要去打的羽毛球，突然的大强度运动很容易导致跟腱断裂，这可是非常严重的伤病。"曾致远看到林思媛认可了自己的建议，继续给林思媛讲解体育专业知识。

"你说的这个倒是对的。那你这个体育专家赶紧教教我吧，怎么让我这个'周末勇士'避免受伤？"林思媛还是相信曾致远的专业水平的。

"看在你还算谦虚的份上，我就传授你一下。首先要做好热身运动，包括拉伸、关节活动等，尤其是天气比较冷的时候更要充分做好热身；再就是注意要循序渐进，不要突然增加运动量。"曾致远耐心地给林思媛解读。

"好的，记住了。反正你要带我去打球，你自己也要记住督促我。还有什么注意事项？"林思媛继续问。

"还要注意我刚才说的，只在周末运动也不能太贪心，避免过度疲劳，因为过度疲劳会引起动作变形，从而导致伤病。"曾致远滔滔不绝地讲他的专业知识。

"有道理。好了，赶紧去洗漱吧。这次真的快要迟到了。"林思媛说道。

"好的，准备出发。一会儿我倒是要看看经过这一周的时间，上次教你的羽毛球技术还记不记得。"说着，曾致远和林思媛一起收拾东西出发了。

◎ 基础知识点

1. 规律运动和周末集中运动的健康效应

世界卫生组织和我国的身体活动指南均建议，成年人每周应累计进行150~300分钟中等强度的有氧运动，或75~150分钟较高强度的有氧运动，或两种强度有氧运动的等效组合，并且每周进行至少2次的肌肉力量练习。但是，这些指南并没有明确指出这个推荐量的运动应该如何分布在一周内，也没有明确不同健身运动分布模式的健康效应之间的差异。最近，有几项研究对比了一周内规律运动和周末集中运动的健康效应。这些研究将参与人群的运动锻炼模式区分为规律的运动人群（即每周内达到上述推荐运动量，并在一周内规律锻炼）、不规律的周末运动人群（即每周内达到上述推荐运动量，但是集中在周末 1~2 天内锻炼）和不运动人群（锻炼时间未达到上述推荐量），结果发现，相对不运动人群来讲，规律的运动和不规律的周末集中运动均可以降低心血管疾病风险、全因死亡风险和某些癌症风险。这些不规律的周末运动人群就被称为"周末勇士"。

2. 零星时间运动的健康效益

《中国人群身体活动指南（2021）》对于利用零星时间运动给予充分肯定，指出"动则有益、多动更好、适度量力、贵在坚持"。零星时间运动不仅适用于那些平时忙于工作、空闲时间较少的人群，即使有充裕时间锻炼的人群也可以采用。研究表明，即使在日常生活中，每天几次，每次持续一两分钟、短促、大强度的身体活动（如非常快地步行，赶公交时的跑动），也可以降低全因和癌症相关死亡风险以及心血管疾病相关死亡风险。因此，利用零星时间运动同样是对身体健康有益的，只要运动，无论在什么时间、什么地点都有助于我们的身体健康。零星时间运动还可以缓解长时间工作的疲劳感。经过长时间的工作，大脑和眼睛需要休息，这时候利用零星时间起身锻炼能够快速恢复，并愉悦身心。久坐行为严重影响身体健康，每天利用零星时间进行适量运动有助于打破久坐行为，降低相关疾病发生的风险。

◎ 常见误区

1. 只有规律的运动才有效果

这个观点是不准确的。虽然目前人们普遍认为应进行规律的运动，以达到促进身心健康的效果，但是如前所述，根据已有的研究证据，即使是利用周末等时间进行不太规律的运动仍然具有锻炼效果，只要一周内的运动量能达到指南的要求，都能对身体健康带来好处，降低多种疾病风险。因此，受工作和时间等条件限制不能进行规律的、高频次运动的人群，也应利用零星的时间或周末进行运动。

2. 不经常运动，但是在准备活动不充分的情况下突然进行剧烈运动

这种行为是不正确的。运动时间集中在周末，因此运动间隔时间较长，不能做到循序渐进，在突然进行大强度、柔韧性要求较高的运动时，尤其在天气较为寒冷的情况下，如果前期准备活动不够，热身不充分，容易导致肌肉拉伤、关节扭伤等伤病。

◎ 科学健身建议

1. 在条件允许的情况下，采用骑自行车、步行等通勤方式

当前多项研究表明，骑自行车、步行等形式的上下班通勤方式，能够增加中等强度的运动锻炼时间，可以降低肥胖、2 型糖尿病、心血管疾病、高血脂、癌症等疾病的风险；而且有助于避免交通拥堵，增加社会参与度。因此，在不过多增加通勤时间或影响正常上下班的情况下，建议采用自行车、步行等方式通勤。

2. 充分利用好上班间隙、课间休息等零星时间进行简易的锻炼

可以利用好零星时间做一下拉伸练习、活动关节或者是短时间的高强度间歇运动等活动，也可以打一套太极拳、八段锦、五禽戏等传统体育项目，不仅健身效果好、时间长短适宜，而且不需要专门的运动场地。

3. 不规律的健身运动人群在运动前更要充分做好准备活动，注意循序渐进

运动前要做好拉伸、活动关节等热身准备；运动时要循序渐进，避免突然间大幅度增加运动量，也要避免过度疲劳导致动作变形。

16

过长的屏幕时间有害健康吗？

自从"双减"政策实施以来，学校进一步减少了课后作业量。最开心的莫过于小飞和小婷了，他们有了更多的时间做自己喜欢的运动和其他事情。

"我今天下午游泳训练的时候一口气游了两个来回，教练都夸我全程动作没有变形，保持得很好。"小婷一回家就着急"炫耀"自己的进步。

曾致远很是欣慰，摸了摸小婷的脑袋说："今天我去接她的时候，教练说最近几次测试小婷都表现得很好，而且被选拔代表咱们区参加上海市少儿游泳比赛了。"

"哇，咱们小婷太厉害了！最近训练很认真，回了家还会做运动，这次被选拔上算是达成阶段性小目标了哦，值得表扬！"林思媛也非常高兴。

"主要是游泳太有意思了，跟我一起游泳的那个小倩很好，我喜欢跟她一起玩儿，她游得也很快，今天偷偷跑到我身后去了，让我找了好半天。"小婷还想跟爸妈分享训练时的趣事儿。

林思媛看到女儿是真的喜欢游泳，不仅成绩有进步，还交到了要好的朋友，为小婷感到高兴。她希望女儿能取得更好的成绩，继续跟小婷说："后面准备参赛要更加努力，争取在赛场上取得好成绩，我们定个目标吧。"

"我想站上领奖台！"小婷的脸上写满了向往。

"好！那小婷要继续加油，如果真的站上了领奖台，我和妈妈奖励你一台新的平板电脑。"曾致远最了解孩子们的想法了，直接抛出了对小婷很有诱惑的奖励办法。

"我们把一碗水端平，小飞如果期末总成绩可以考进班级前三名，也可以换一台新的平板电脑，好吗？"这对于平时电子设备被严格管控的兄妹俩来说是个好消息。

"好！"兄妹二人都鼓足了劲。

之后的日子，他们相互激励，最终双双达到要求，曾致远和林思媛也兑现了承诺。

假期的第一天，小飞、小婷两人不是玩平板就是看电视，小脚丫往茶几上一蹬，十分潇洒。同样放假在家休息的曾致远几次提醒他们休息一会儿，让眼睛放松一下，竟是没一个人有回声。原以为两个小朋友快活两天就会自觉控制电子产品的使用时间，毕竟这电子屏幕看多了眼睛会干涩，可接连过去好几天，兄妹俩依旧玩得忘乎所以，这股对电子产品的痴迷劲儿让曾致远和林思媛担忧不已。

这天，曾致远实在忍不住了，上前好好教育两人一番："你俩差不多了啊，这几天就没见你们闲着的时候，整天抱着平板电脑！"

"好不容易到假期，让他们自由玩会儿吧！"曾爷爷和叶奶奶看到曾致远要对宝贝孙子、孙女发火，赶忙上前阻止。

曾致远和林思媛生怕惹曾爷爷和叶奶奶生气，想着回头再想办法"智取"，也就没有再多说。

吃过午饭，看曾爷爷和叶奶奶去午休了，两人开始商量对策。他们商议之后觉得应当告诉兄妹过度使用电子屏幕设备的危害，自觉做到相互督促，把每日电子设备使用的时间限定下来。于是两人分工从不同网站搜集了有关电子屏幕过度使用对儿童、青少年身心健康的危害等信息，并汇总在一起，准备给兄妹俩好好上一课。

晚饭吃完以后，一家六口坐在沙发上看电视，曾致远拿起遥控器回放了一档科普节目，主持人介绍道："国家卫健委于 2020 年 9 到 12 月开展近视专项调查，覆盖全国 8 604 所学校，共筛查 247.7 万名学生。结果显示，2020 年，我国儿童青少年总体近视率为 52.7%……"

电视机里的播报还在继续，小飞就满不在意地伸手取过遥控器准备换台，嘴里还念叨着最近迷上的动画片就快开播了，邀请大家跟自己一起观看。

曾致远却一只手把遥控器紧紧握住，另一只手摸了摸小飞圆乎乎的小脑袋说:"你听这位主持人说的,现在青少年近视率可越来越高了。"

"有啥好听的呀?我和妹妹不都没有近视嘛!"小飞满不在乎地回应。

林思媛赶忙纠正:"刚刚着急换台,你都没认真听主持人说了什么吧?这些近视的小朋友大多都不是从小就近视的,小学时期近视率大约占三成,但到高中时期就更多了,过度用眼的后果可不是瞬间就会显现的哦。"

"那不还是有人没有近视嘛。你们之前答应好了这次假期可以使用平板电脑的呀!"小飞因为曾致远阻止他玩平板电脑心里还有小情绪。

"这还不是为了你好!我这几天在家里一直憋着没说,你和小婷从早上睁眼到晚上合眼,眼睛有休息的时间吗?你知不知道过量使用电子产品不仅仅使视力受损,还有可能导致身体和心理等方面的问题。"曾致远说道。

林思媛赶紧拉了一下曾致远的胳膊,笑着跟小飞和小婷说:"爸爸看你们这几天一直宅在家里看电视、玩游戏,想喊你们下楼散散步都没人答应。再说他说的话还是很有道理的,长时间使用电子产品的危害真的很大,除了刚刚提到的还可能会导致儿童肥胖、注意力无法集中、睡眠障碍,进而影响认知发展和心理健康。"

"我经常游泳锻炼不会肥胖的，我和哥哥也只有假期才有机会好好玩电脑嘛。"小婷还没有意识到问题的严重性，依旧有些不以为意。

"小婷，昨天晚上我起夜听到你翻身的动静了，是不是很晚都没睡啊？"这次反而是曾爷爷听懂了曾致远和林思媛所担心的事情——并不只是不想让俩孩子玩平板电脑，而是担心他们的身体健康。

"我和妹妹最近闭上眼睛都有些睡不着。按爸爸妈妈的说法，我们早就用眼过度了，这不眼睛还没有很累嘛。"小飞看到曾爷爷也发现了他们最近有些反常，率先抢答。

"就是就是！"小婷也赶忙表明立场。

"当你长时间用眼盯着显示屏幕的时候，出现睡眠问题的风险就会大大增加，往往表现在总睡眠时间缩短、睡眠质量下降、入睡潜伏期延长，等等。"曾致远补充道。

"而且你们都还是小学生，别说看一整天的平板了，单次连续用眼 30~40 分钟就需要休息了，超出部分的时间都属于用眼过度，持续用眼过度就会出现先前爸爸妈妈提到的问题，现在积极调整才能防患于未然。"林思媛继续补充眼睛健康知识。

显然，小婷已经把这些话听进去了，她感觉有些委屈又突然有些害怕。小飞也想象了一下戴着眼镜和小伙伴们一起运动的画面，顿时也觉得不自在了。想到这，两个小朋友纷纷表示要保护自己的健康，不再过度玩平板电脑了。

叶奶奶这时也说道："其实适当的放松也是有益身心健康的，可以和爸爸妈妈商量着进行规划。"

曾致远点了点头，附和道："奶奶说得很对。既然答应了你们可以使用电子产品，就一定会说到做到，重点是适量。我提议，从明天起，两个小朋友每天跟我坚持进行一个小时的中高强度运动，单次使用电子产品时间不超过 30 分钟，总共使用时长严格控制在两个小时以内，两个小朋友是否同意？"

"同意！"小飞、小婷生怕比对方声音喊得小了就没法表达决心，声音一个比一个洪亮。

小飞、小婷分别制订了自己的暑假作息表和电子设备使用时间表，控制总的屏幕时间。曾致远和林思媛长舒了口气。此刻，他们的脑海中都出现了一个人物形象：禹。"遇事堵不如疏！"一切的随心所欲都来自科学合理的安排与运用。

◎ 基础知识点

1. 过度使用电子屏幕设备的危害

在数字化时代，带有电子屏幕的设备，如电脑、智能手机、平板电脑等，已成为现代生活中不可或缺的一部分。儿童青少年的屏幕时间（即看电视、玩电子游戏与使用计算机或其他电子设备等所花费的时间总和）不断增多。

然而，已有大量的研究证据表明，过多的屏幕时间可对儿童青少年身心健康造成很多方面的影响和危害，主要体现在以下几个方面：① 减少身体活动时间，增加静态久坐行为；② 增加儿童近视、肥胖等疾病风险；③ 增加情绪、社交和注意力问题的可能性；④ 影响睡眠时间和睡眠质量；⑤ 影响大脑发育及认知发展；⑥ 产生社交媒体依赖或网络成瘾等。过长的屏幕时间造成健康危害的原因可能有以下几个方面：首先，使用电子屏幕设备增加了儿童青少年的久坐时间，导致身体活动和社交活动等有益健康的时间下降；其次，使用电脑、手机等设备，使儿童青少年可能接触不良信息和内容，进而影响儿童青少年心理健康；最后，电子屏幕蓝光暴露也可能对视力和睡眠等造成负面影响。值得注意的是，近期的一些神经影像学研究发现，过长的屏幕时间可能影响大脑结构和认知功能，比如有针对学龄前儿童的研究显示，过多的基于屏幕的社交媒体使用与儿童的大脑白质微结构完整性降低有关。

2. 屏幕时间控制量

鉴于长时间使用电子屏幕设备的危害，世界卫生组织在 2019 年发布的一项指南建议，对于 1 岁及以下幼儿，不推荐使用任何电子屏幕设备；对于 2~4 岁幼儿，每天接触电子屏幕设备的时间不应超过 1 个小时，且越少越好。对于年龄较大的儿童来讲，《中国人群身体活动指南（2021 年）》也明确提出，6~17 岁的儿童青少年每天的屏幕时间应累计小于 2 个小时，每次静态行为持续不超过 1 个小时。

◎ 常见误区

1. 佩戴防蓝光的眼镜、贴蓝光膜等就可防止电子屏幕对视力的伤害

这是一个常见误区。蓝光是波长在 400~480 纳米的可见光。顾名思义，这种类型的光被感知为蓝色。然而，即使当光被感知为白色或其他颜色时，也可能存在蓝光。蓝光大量存在于电子显示器、荧光灯、手机、电子产品屏幕等发射的光线中。蓝光的危害受到广泛关注，是因为其每光子能量比可见光谱中的其他光更高，剂量足够高的蓝光在被我们体内的各种细胞吸收时更有可能造成损害。蓝光可能造成的危害包括视网膜损伤、生物钟紊乱、睡眠障碍等。然而，目前有研究发现，现有的证据不支持防蓝光镜片可高效防止和保护视网膜健康这一观点。因此，还是需要尽量控制电子屏幕时间，以减少蓝光暴露。

我国教育部等八部门印发的《综合防控儿童青少年近视实施方案》指出，应当积极引导孩子进行户外活动或体育锻炼，使其

在家时每天接触户外自然光的时间不少于 60 分钟；有意识地控制孩子特别是学龄前儿童使用电子产品，非学习目的的电子产品使用单次不宜超过 15 分钟，每天累计不宜超过 1 个小时，使用电子产品学习 30~40 分钟后，应休息远眺放松 10 分钟，且年龄越小，连续使用电子产品的时间应越短；保障孩子睡眠时间，确保小学生每天睡眠 10 个小时、初中生 9 个小时、高中阶段学生 8 个小时，并让孩子多吃鱼类、水果、绿色蔬菜等有益于视力健康的营养膳食。

2. 可以不限制以教育和学习为目的的电子屏幕时间

这个观点是错误的。虽然当前在线教育和学习已经变得比较普遍，但是对于儿童和青少年来讲，还是应该限制总的屏幕时间。美国儿童青少年精神卫生协会建议，对于 2~5 岁的儿童，在工作日，应将每天非教育目的的屏幕时间限制在 1 个小时内，周末非教育目的的屏幕时间应限制在 3 个小时内。

◎ 屏幕设备使用建议

针对儿童和青少年过长的屏幕时间问题，已有大量研究揭示了其负面影响。一些国家和机构制定了具体的电子屏幕时间使用建议和指南。对于 5 岁以下儿童，建议尽量避免使用电子屏幕设备；而对于 5 岁以上儿童青少年，建议每天累计屏幕时间不超过 2 个小时，并遵循年龄越小，每天屏幕时间越短的原则。同时，应确保屏幕时间不会干扰到他们充足的睡眠、身体活动，并设置固定的不使用电子设备的时间及地点，实行相对严格的约束。在身体活动方面，建议每天进行至少 60 分钟的中等强度到高强度身体活动，且鼓励以户外运动为主。另外，关注以下几方面关于家庭电子屏幕使用和限制的建议。

1. 制订电子产品使用家庭规则并加强交流沟通

建议家长制订一些家庭规则以限制屏幕时间，比如家庭聚餐时间禁止使用电子屏幕设备，进行家庭娱乐活动时禁止使用电子屏幕设备，卧室里面不允许玩手机、玩电子游戏等。父母以身作则，限制自身电子屏幕设备使用量，花足够时间关心、关注孩子。有家人参与的社交媒体活动能够促进社交互动和学习，因此在孩子使用电子屏幕时，父母要多加陪伴。

2. 增加身体活动的机会和体育锻炼的时间

发挥体育运动的积极作用，培养儿童和青少年的体育兴趣爱好，通过体育活动降低电子屏幕设备的接触概率和使用时间。与此同时，可在使用电子屏幕设备的同时做一些拉伸和简单的运动，减小使用电子屏幕设备时久坐不动的危害。

3. 注意环境光线控制

应在光照充足的房间内使用电子屏幕设备，房间内光线不足时应打开房灯。房间光线亮度要与电子屏幕亮度相适应，过亮或过暗都不宜。在靠近窗户的位置使用电子屏幕时，应保持电子屏幕背向窗户，避免强光直接照射屏幕，减少屏幕反光。

17

你知道爱因斯坦喜欢什么运动吗？

今天是小婷最期待的快乐星期五，最后一节是语文课，正值下课前 10 分钟。

"同学们，老师要给你们设置一项小组任务哟。"老师神秘地说。

"是什么呀？"

"老师，我们几个人一组？"

"这次的任务与什么主题有关？"此刻同学们既期待又疑惑，叽叽喳喳地问了起来。

语文老师今天给班上的同学布置的主题任务是介绍一位名人的精彩传奇事迹。有的小组拿到了爱迪生，有的小组拿到了贝多芬，小婷这组拿到的则是爱因斯坦，而她早就知道爱因斯坦是著名的科学家。

小婷完成今天的游泳锻炼以后满心期待地回家，因为今天曾致远会提早回家，林思媛也不用在医院值班。

"爸爸妈妈，我游完泳回来啦！"小婷说。

从书房出来的曾致远看到小婷满脸欢喜，便问道："我们的小婷回家了呀！今天在学校过得怎么样？怎么那么开心呀？"

小婷把今天老师布置的主题任务给曾致远和林思媛说了一遍，看得出小婷对这次的主题活动还蛮感兴趣的。"爸爸妈妈，我们这组要找的是爱因斯坦，你们知道爱因斯坦的故事吗？听说他是一位很厉害的科学家。"小婷说。

曾致远沉思了一会儿说道："嗯……爱因斯坦呀，他是一位成就斐然的科学家，他这一生为物理学领域做出了无数的贡献，给我们人类带来了丰富且宝贵的知识。"

"那爱因斯坦会不会也像我们一样喜欢游泳、喜欢运动呀？"

此时，从厨房出来的林思媛撞见了正在谈论爱因斯坦的父女俩，便一同加入了对话："爱因斯坦是一位非常喜欢运动的科学家。他从小就喜欢运动，直到老年都还一直坚持运动，所以他也被人们称为'老年运动家'。"

"对呀，他平时在学习和工作之余都会抽空参加文体活动，尤其喜欢爬山、划船、散步。"曾致远和林思媛一唱一和地说。

听到这里，小婷双眼都发亮了，而这时哥哥小飞也从篮球场回到了家，听到曾致远和林思媛说故事就立马凑过来一起听听。"那他还有没有其他有趣的故事呀？我们想听听。"小飞、小婷满怀期待地说。

曾致远起头讲述了爱因斯坦的故事："据说，有一次，爱因斯坦去访问比利时，国王为了欢迎他的到来，特地安排了接待团前往火车站。那一天，火车站外张灯结彩，鼓乐齐鸣，就是为了迎接这位优秀的科学家。火车到站以后，旅客们都下车了，却迟迟未见爱因斯坦的影子，接待团的团员们心急如焚。你们知道接下来发生什么事了吗？"林思媛接着说："其实，是爱因斯坦自己避开了那些前来迎接的人，一手拿着小提琴一手提着公文包，自个儿一路步行来到王宫。当时王后便问道：'爱因斯坦，你为什么不乘我们派去的车子，偏偏徒步而行？'，而爱因斯坦却笑着解释说，他平生就喜欢步行，因为运动带给了他无穷的乐趣。"

"哇！感觉他把生活安排得多姿多彩，不像是会一直待在实验室里埋头苦干的人，而且也非常喜欢运动。"小飞惊讶地说。看着兄妹俩忽然对爱因斯坦那么感兴趣，曾致远和林思媛接着道出后续的故事："对啊，爱因斯坦晚年还坚持劳动，坚持锻炼呢，平时都会做做家务，在自家的花园里劳作。除了这些以外，他也经常邀请朋友去爬山，有意识地锻炼身体和锻炼意志。"

听完爱因斯坦的故事以后，小婷的眼神里透露出崇拜的目光。"爱因斯坦好厉害呀，我也要好好向他学习，在学习之余坚持运动，这样就能给生活带来满满的活力啦。"小婷斗志昂扬地说。

林思媛接着说："实际上，很多科学家都喜欢运动，经常锻炼，比如丹麦著名的物理学家玻尔曾入选国家足球队。"

听到此话的小飞、小婷兄妹不禁露出惊讶的表情，问道："原来这么多科学家都爱运动，我以为他们天天忙着做实验呢！那运动锻炼除了让我们的身体更强壮，是不是还对我们的大脑有所帮助？"

"是的，目前已有大量的证据证实，运动锻炼和大脑功能之间关系密切，进行适当的运动锻炼，不仅有助于身体健康，大脑和认知功能也能在锻炼中获得益处。"曾致远回答道。

曾致远和林思媛看到孩子们有如此强烈的求知欲，顿时觉得很开心。曾致远就简单地给孩子们介绍起一些运动与大脑的知识："我们在运动的时候，大脑的血液循环得到改善，运动也可促进神经系统产生更多的神经营养因子，比如一种叫作脑源性神经因子的分子，进而促进大脑的功能。"

曾致远继续说道："一些对大脑进行核磁共振扫描的研究发现，长期的运动锻炼也能够改变大脑结构和神经连接功能，进而改善大脑的功能。"

"而且持续锻炼还能够帮助提高睡眠质量，这样我们也就不会失眠了。睡得好，也有助于大脑发育。"林思媛补充道。

此刻在家里，曾致远和林思媛在进行知识的输出，而小飞、小婷兄妹俩也听得津津有味。

"好开心呀，今天的收获真多。我决定了，以后也要成为像爱因斯坦一样爱运动、爱学习的科学家。"小婷信心满满地立下了这个目标。

◎ 基础知识点

1. 运动对大脑和认知功能的积极作用

认知功能是指大脑加工、储存和提取信息的能力，即人们通过思维、经验或其他感官获取并理解知识、收获经验的心理过程。认知功能包括注意、记忆、语言、视觉、执行功能和社会认知等诸多领域的功能。异常的认知功能会导致记忆、计划和决策等能力降低，从而引起继发的行为和精神方面的问题，患有注意缺陷多动障碍、抑郁症以及阿尔茨海默病的人群都有着不同程度的异常认知功能表现，严重影响人生各个阶段的社会成就以及身心健康。

人类对身体与大脑之间关联的探究由来已久，从 20 世纪开始蓬勃发展，21 世纪被称为是脑科学的世纪。越来越多的学者开始探究脑科学的秘密，并开始探究有助于促进大脑和认知功能的方法。目前，已有越来越多的研究证据表明，适当的体育运动有助于脑健康和认知功能的改善。现有的证据显示，一次短时运动和长期的规律运动都可以对大脑和认知功能产生积极影响；对于儿童青少年来讲，运动能够在一定程度上影响大脑结构和功能，促进儿童的认知功能发展，特别是执行功能和记忆能力。对于老年人来讲，大量循证医学临床证据也同样表明，运动能够降低老年人认知功能下降的风险，改善认知功能，延缓阿尔茨海默病的发生。

2. 运动促进认知功能的潜在机理

关于运动促进脑健康和认知功能的机理，学者们从分子细胞、脑结构、机体系统功能等不同层面进行了探究。在分子和细胞层面，来自动物实验的研究结果提示，运动导致的神经营养因子（特别是脑源性神经营养因子）和神经生长因子的增加、突触传递效能的增强、神经发生和血管发生的增强等可能是运动促进脑和认知功能的细胞分子基础。在脑结构和功能层面，近期的神经影像学研究证据也进一步支持，适当的运动干预可能对大脑结构（海马体等）有积极的影响。在机体系统层面，运动可能通过一些中介变量，比如心理健康水平和睡眠质量等，促进认知功能。

◎ 常见误区

1. 参与体育运动不利于儿童学业成绩？

这个说法是不正确的。传统上，特别是以前，许多家庭很重视孩子的学业成绩，而忽视孩子们的身体锻炼和运动。也有家长认为，体育锻炼可能会影响孩子的学习。然而，越来越多的研究证实，这是一个错误的观念。有研究表明，健康体适能与儿童青少年学业表现呈正相关关系，参与体育锻炼不会对儿童学习造成负面影响，而且在一定程度上有助于大脑的发育和认知功能的发展，特别是执行功能和记忆能力方面。由于执行功能和记忆能力与儿童青少年学习能力、学业表现关系密切，因此，运动对执行功能的促进作用也可能进一步有助于儿童青少年学业表现的提升。儿童时期正是大脑发育的关键阶段，具有很强的可塑性。最近有系统综述研究对体育运动干预与儿童学业成绩的关系进行了梳理，发现现有研究中体育活动与学业表现的关系是正相关或是没有显著相关。因而，根据现有的证据，增加儿童青少年的体育运动时间，不会对他们的学业成绩造成不利影响。

2. 四肢发达，头脑简单？

这个观点是错误的。相信在日常生活中，我们经常能听到"头脑简单，四肢发达"的说法。但事实上，这种说法并不成立。最近，一项系统综述文献全面分析了肌肉力量和力量练习与儿童青少年认知功能和学业表现的关系，发现适当进行力量练习有可能促进儿童青少年认知功能和学业表现。而针对老年人的研究也发现，进行力量练习可以通过改善大脑血流、促进大脑代谢、提高灰质体积等途径，进而延缓老年人认知功能衰退。可见，如前所述，越来越多的研究表明适当运动锻炼不仅促进"四肢发达"，也有助于大脑功能发展。

◎ 科学健身建议

近年来运动对认知功能的影响及机理探究取得了令人振奋的进展。但是,目前并不能肯定什么样的运动类型、多大的负荷更有助于促进认知功能。

1. 开放式运动 vs 闭锁式运动

根据动作技能的分类方式,可将运动类型分为开放式运动和闭锁式运动。开放式运动(如羽毛球、乒乓球、篮球等)涉及不可预测的环境、积极的决策和持续的适应性,参与者必须不断调整对随机发生的外部刺激的反应。闭锁式运动(如跑步、游泳、蹬功率车等)在相对稳定且可预测的环境中进行,运动遵循既定的动作模式,其动作节奏倾向于自我调控。已有研究表明,体育锻炼对身体健康和心理健康的促进效果可能与所参与运动的特征有关。有研究梳理了开放式运动和闭锁式运动对认知功能影响的异同,发现部分研究支持开放式运动可更加显著地促进注意、抑制控制和认知灵活性等方面的表现,但是结果并不完全一致。因此,根据目前的证据,适当地进行开放式运动和闭锁式运动都有助于认知功能的提升。

2. 有氧运动 vs 力量训练

目前的证据表明有氧运动在一定程度上可促进不同人群的认知功能表现，特别是来自老年人群和儿童青少年的数据证明居多。但是，也有不少研究探讨了力量训练对认知功能的影响，结果也证实了适当进行力量训练对于认知功能具有促进作用。因此，两种不同类型的运动均能够不同程度改善认知功能。

18

儿童青少年应该进行肌肉力量练习吗？

国庆长假刚过，秋风渐凉，曾致远在回家的路上看着泛黄的梧桐叶，不禁感慨着又是一年过大半、临近年尾。信号灯变绿了，曾致远快步往家的方向走去，远远地看见家中客厅的灯亮着，心中渐生欢喜。

走到门前，钥匙在锁扣中轻转，曾致远却没有听到孩子们像往日一样快速跑来迎接他的脚步声。门开了，曾致远静静听了一会儿，原来是兄妹两个正在房间内争吵着什么。

林思媛一手端着菜从厨房出来，一手揉了揉眼睛，看了眼站在门口的曾致远，开心地说道："你回来了。"

曾致远放下背包，换了鞋，从妻子手中接过菜，轻声问道："眼睛不舒服吗，上次买的眼药水还有没有？"林思媛摇摇头，说道："眼睛倒没那么疼，头疼得很，可能是今天起得太早了。"

正问着，客厅传来小婷的声音："你懂什么？你也就能看懂动画片了吧。科学！科学！科学你懂吗？"

林思媛解释道："小飞班上昨天新转来一个学生，今天体育课他们一起打篮球，那孩子身体很强壮，小飞说他带球突破什么……我不是很懂，总之就是小飞觉得那孩子篮球打得很好，一定跟他肌肉发达有关，一回来就吵着要练肌肉。小婷呢，在这件事上跟他意见不一样，兄妹两个就吵了起来。"

曾致远点点头说："原来是这样，咱们去听听，做个裁判。"

夫妻二人一边说着，一边将晚餐摆到桌上。

小飞见爸爸回家了，便忙拉起曾致远问道："爸爸，你来给我评评理，小婷她说我不懂科学，我觉得她就是针对我。"

小婷捧起饭碗，专心地吃起了饭，默不作声。

曾致远让儿子坐好，笑说："别这么说，小飞，肯定是误会了。跟爸爸说怎么回事。"

小飞安静了片刻，低声说："小婷她不准我吃菠菜。"

曾致远看了看今天的晚餐，桌上也没有菠菜呀，便问女儿："小婷，这究竟是怎么回事？"

小婷放下碗，笑着说："爸爸，你还是让小飞自己把前因后果说一下吧。"

小飞接过话说："说就说，谁怕谁！昨天我们班上新转来了一个叫柳小志的同学，今天体育课我们一起打篮球，他带球过人好厉害。爸爸，你是没看到，虽然我们是同岁，但是他很壮。他给我们看他胳膊上的肌肉了！一定是因为他有肌肉，所以他篮球才打得很棒！我也想跟他一样厉害！"

曾致远没听明白，说道："在篮球技能方面，你想跟小志一样厉害，这跟菠菜有什么关系？"

小飞说："爸爸，这不是你的童年吗？大力水手还是你找给我看的动画片呀，你忘记了？大力水手每到危急关头，吃一罐菠菜就变得强壮无比。我也想长肌肉，我就应该吃菠菜，这有什么不对吗？"

曾致远听罢哈哈大笑，小婷却不屑一顾地说："也就是你，还真的相信吃菠菜可以长肌肉。"

小飞反驳道："小婷说吃菠菜不能长肌肉。那大力水手是骗人的吗？"

小婷回答道："大力水手确实好看，但动画片就是动画片，动画片怎么能和现实混为一谈？"

小飞不服气："那动画片是人创作的，应该源自现实吧！"

小婷："你说的现实和这个不是一个意思，菠菜是存在于生活中的，这是现实。但吃菠菜可以瞬间变得强壮，这不现实！电视上有介绍很多科学增长肌肉的方法，你可以去学，但你想靠单纯吃菠菜来实现快速长肌肉，科学中没有这个说法！"

小飞："小婷说没有就没有吗？那大力水手怎么长的肌肉？不是菠菜给的力量吗？小婷凭什么说大力水手不科学？"

"好啦，停！"曾致远及时打断他们两个，接着说道，"小飞，首先有一点爸爸要强调：动画片可能来源于现实，但不完全等同于现实，这一点小婷是对的。其次，大力水手吃的菠菜是在特定情况下，也就是仅限于在动画片中可以帮助大力水手变强壮。大力水手的故事其实是想告诉大家，要好好吃饭不能挑食，多吃有营养的蔬菜才能变得更强壮。"

林思媛点头表示同意，也说道："小飞，小婷说这不科学并不是批评你的意思，而是希望你能够科学地解决问题。我们身体中有超过600块肌肉，占身体重量的35%~45%，与连接组织一起支撑着我们，帮助我们进行运动。而肌肉主要由肌肉纤维组成，蔬菜里的维生素等有助于肌纤维生长。但肌肉的增长并不能单一地靠补充蔬菜中的营养来实现，还需要摄入很多蛋白质或矿物质等，这些营养都需要从别的食物中摄取，所以不能挑食。"

曾致远也补充说道："你想要变得更强壮有更多肌肉，就要进行科学合理地锻炼加上充足的睡眠，这些条件缺一不可。所以仅依赖从某一种食物中获取营养来实现肌肉增长是不现实的，还需要具备很多其他条件，并坚持锻炼，才能够变得更强壮。明白了吗?"

小飞和小婷听完后都若有所思地点了点头。

曾致远说道："听完妈妈专业的科普，你们都明白了吧? 做什么事情都没有那么简单的。小志篮球打得好可能是因为他参与了更多的体育锻炼，以及他好好吃饭不挑食，从各种食物中摄取到了足够的营养，所以身体素质会比同龄的孩子更好。你们想要变得强壮则需要付出很多努力去锻炼肌肉并且日复一日地坚持下去。"

小飞听完立马问道:"我明白了,爸爸,那我现在除了好好吃饭增加营养,还需要进行肌肉力量练习吗?"

"当然需要适当的练习了。青少年进行科学合理的力量训练,有利于骨骼和肌肉的生长,有增强心肺功能、改善血液循环、促进生长发育等好处。而且我们要知道,不同年龄段的孩子有其各自的生长发育特点,我们要根据不同年龄有针对性地进行力量训练,才可以让孩子们的身体器官达到良好的发育状态,提高他们的健康水平。"曾致远认真地回答道。

林思媛紧接着问:"那特别小的孩子不需要进行力量锻炼吧?我有几个同事还老让我问你,他们孩子平均五六岁,都适合什么样的锻炼。"

"3~7岁的孩子不需要通过密集的力量训练来锻炼肌肉,他们的身体还没有发育成熟,让家长带他们在操场上进行一些攀爬、荡秋千或者骑自行车之类的户外运动是最合适不过的了。这些运动可以锻炼孩子的协调能力和平衡能力。而像小婷、小飞这样8~12岁年龄段的孩子们,力量和速度都有了一定的基础,但是骨骼还比较脆弱,适合进行一些短距离的速度练习和轻负荷的力量练习,避免强烈的运动冲击对身体造成伤害。"曾致远边吃饭边认真地回答道。

小婷放下筷子，说道："那我怎么样才能科学正确地进行力量练习呀，爸爸？我可不想像小飞那样天天想着光吃菠菜就长肌肉。"

"你看她又说我！"小飞大叫道。

曾致远大笑道："你俩别闹了。小婷这个问题一两句话可说不清楚，运动真的是一门学问。一些基本的知识我们应该了解，一方面，要根据不同年龄阶段进行适合的运动和训练。另一方面，青少年一定要在专业人士的指导和保护下进行练习，避免和预防运动损伤的发生，否则不仅没有变得强壮，反而对身体健康造成了影响，岂不是得不偿失。"

林思媛看了两个孩子一眼，说道："你们俩先好好吃饭，不要挑食，从眼前的事开始做起吧。"

◎ 基础知识点

1. 肌肉力量和肌肉耐力

肌肉是由成束排列的肌细胞组成，肌细胞外形成长圆柱形，所以又被称为肌纤维。肌纤维是肌肉结构和功能的基本单位。骨骼肌纤维类型的划分方式有多种，其中根据其收缩速度的差异，可将骨骼肌分为"快肌"纤维和"慢肌"纤维。

肌肉力量是指特定肌群或肌肉所能产生的肌力，而肌肉耐力是指特定肌群或肌肉重复性或持续性收缩的能力。通常情况下，肌肉含量和肌肉力量在 20~30 岁达到峰值，在 30 岁以后，呈现下降的趋势。除受年龄因素影响外，肌肉含量也受到遗传基因、身体活动、营养状况等因素的影响。进行适当的运动是增加肌肉量和肌力的必要手段。

2. 长期抗阻运动（力量练习）对骨骼肌的影响

长期规律的力量训练可以给肌肉和机体带来一系列的适应性变化。骨骼肌对长期抗阻训练的主要适应是肥大，或肌纤维横截面积增大，从而使肌肉力量和产生的爆发力增强。在生理层面，肌肉能量储存增加，如肌糖原含量增加，肌肉代谢相关酶活性增加，肌腱、韧带和骨骼的强度增加，肌肉胰岛素敏感性增加，随着肌肉量的增加，机体基础代谢率也相应增加。

3. 长期有氧耐力训练对骨骼肌的影响

长期的有氧耐力训练包括大量持续的低强度肌肉动作，也会引起骨骼肌发生特定的适应性变化。与抗阻运动的影响不同，长期的有氧训练通常不会在宏观（整个肌肉）上影响肌肉的体积，一般是在微观层面（特定的肌纤维横截面区域）上产生影响。长期的有氧耐力训练可促进骨骼肌产生与增强耐力表现直接相关的变化，包括毛细血管的密度增加、线粒体的密度增加和氧化酶的活性增加。

◎ 常见误区

1. 儿童青少年不用进行骨骼肌力量训练

关于青少年儿童该不该进行抗阻运动（力量练习），许多家长是有所顾忌的。部分家长可能认为孩子们在进行力量训练时身体会承受很大的负担，神经和肌肉处于高度紧张状态，有可能会影响骨骼和身体的生长发育，造成对身体形态和内脏器官的损害。然而，很多研究表明，适当进行骨骼力量练习和增加骨骼强度的练习，不仅对少年儿童的健康无害，还对生长发育有益。目前，没有证据表明适度的抗阻训练会对青少年的骨骺板生长、生长发育及心血管健康产生负面影响。

世界卫生组织关于身体活动和久坐行为的指南，推荐儿童青少年（5~17 岁）每周至少应有 3 天进行剧烈强度有氧运动以及增强肌肉和骨骼的运动。美国儿科学会指出，在适当监督下的儿童和青少年都可以从抗阻运动中受益，抗阻训练是一种增强力量的有效方式，可以将增强骨骼肌力量的练习作为日常体育的一部分。

2. 抗阻运动只能增强肌肉力量和肌肉质量

这种说法是不正确的。通常进行抗阻运动的主要目的是增强肌肉力量，但现在很多研究证据表明了儿童青少年进行力量练习的积极效益，包括运动技能表现的提高、速度和力量的提高、体育素养的发展、受伤风险的降低以及损伤康复。抗阻训练已被证明可以带来许多健康益处，包括改善超重青少年的心血管健康、身体成分、骨矿物质密度、血脂状况、胰岛素敏感性，促进心理健康等。

3. 只有通过力量器械才能进行力量练习

这种理解是不正确的。对于儿童青少年来讲，很多时候进行的力量练习并不是通过专门力量器械进行的。比如，对于儿童而言，跑跳、跳绳、跳远、仰卧起坐等都是锻炼肌肉力量和促进骨骼生长的方式。

◎ 科学健身建议

1. 儿童青少年抗阻运动一般性建议

美国儿科学会结合现有的科学证据，对儿童青少年抗阻运动给出了指导性建议。

遵循循序渐进的原则，刚开始进行抗阻练习时应选择低负荷强度，比如可以坚持进行 8~12 次（60% 的 1RM），重复 1~2 组的负荷强度。儿童和青少年能够完成 8~12 次重复动作的负荷强度一般可认为是抗阻运动的低强度。随着力量的提升,可以逐步增加 5% ~ 10% 的负荷重量,且减少重复次数。随后,可将训练计划增加 2 ~ 4 组,每组 6 ~ 12 次重复,负荷强度为低至中等(80%的 1 RM)。

将所有肌肉群(包括核心肌肉)纳入抗阻训练计划中,并通过适当的方法进行全面的动作练习。在训练期间应按特定顺序进行练习,一般来说,先锻炼大肌肉群(上下肢肌群、腰背肌群等),然后再锻炼小肌肉群(手臂肌群等);先进行复杂的多关节锻炼,再进行单关节锻炼。当进行更复杂的多关节练习时,例如举重,以正确的技术完成所有重复的动作,对于实现适当的运动控制发展尤为重要。在这种类型的抗阻训练中,较少的重复次数(1~3 次)可能有助于运动控制能力的发展。

在练习时长方面,要实现力量增长,抗阻运动时间需要至少 20 ~ 30 分钟,每周进行 2 ~ 3 次(每次有间隔),同时随着力量和抗阻训练技术能力的提高逐渐增加阻力负荷强度和训练量。

2. 儿童青少年进行抗阻运动时的注意事项

(1)在开始抗阻训练之前,应该关注儿童青少年的健康状况,如果儿童青少年患有未得到控制的高血压、癫痫病、特定的心血管疾病或有化疗史,应该首先咨询医疗专业人员。

（2）在训练中包括动态热身练习，并在结束时进行强度较低的拉伸。

（3）家长或指导者应该在抗阻运动过程给予儿童和青少年适当的、全面的监督，并确保训练环境的安全。

19

跳绳有助于长高吗？

期末之前，又快到一年一度的"两跳一踢"校园体育比赛活动时间了。小飞作为班级里体育成绩比较突出的学生，班主任杨老师准备推荐他代表班级参加跳绳比赛，老师和同学们都对他寄予了很大的期望。

然而，小飞的跳绳动作并不是很标准，连贯性也不是很好，这让他对即将到来的比赛感到了一丝紧张和紧迫感。由于跳绳是单人项目，不像篮球运动有队友陪伴练习，所以小飞练习跳绳的积极性不是很高。如何有效地练习跳绳成了小飞和全家的当务之急。

周末的下午，林思媛来到小飞的房间，见小飞正在聚精会神地看篮球比赛集锦，便问道："小飞，快要跳绳比赛了，你练习得怎么样了？"

"还好吧，我觉得差不多了。"小飞漫不经心地说。

林思媛知道小飞还处在学习跳绳的初级阶段，并没有掌握跳绳的基本动作要领，所以练习过程进展缓慢，兴趣不高，这有点打击小飞的练习积极性。

林思媛对他说:"小飞,你知道吗,跳绳对于小朋友的体能和身体素质而言,有很大的帮助。它可以锻炼身体的协调能力、平衡感和节奏感,有助于核心稳定,同时对你的骨骼发育也能起到良好作用。你还记得上次你跟妈妈说你最喜欢的球员库里在篮球场上精彩的表现吗?但你肯定还不知道他在平时训练中就经常通过跳绳来提升自己的体能和运动能力。你不是说想成为像他一样优秀的运动员吗?"

"那跳绳练习是不是有助于长身高呢?要想成为篮球运动员,我必须要再长高一点才行呀!"小飞向林思媛请教。他心里关心的还是身高。

"我刚才说过了呀,跳绳有助于骨骼发育,促进骨密度的增加,会使骨骼变得更加强壮,所以是可能帮助你长得更高呢!"

"真的假的?跳绳能让我长得更高去打 CBA 吗?"小飞突然来了兴趣。

林思媛微笑着:"当然,你坚持多练习跳绳就会慢慢长得更高。"

曾致远不知道何时出现在了门口,说道:"你不要说得那么肯定。你应该知道我们的身高是由多种因素决定的"。

林思媛悄悄瞪了曾致远一眼,说道:"跳绳是可能帮助小朋友长高,你不要过来泼冷水好不好?"

"哈哈哈,你别急嘛,我也没说跳绳不能帮助小飞长大高个,我只是说你刚才说的有那么一点绝对。"曾致远赶紧解释道。

小飞疑惑了："爸爸，那你快说跳绳到底能不能帮助我长得更高呀？"

"跳绳能帮助你长高，但不是影响身高的决定因素。影响一个人身高的主要因素是遗传因素。这就意味着，身材高大的父母往往他们的孩子身高会更高。然而，许多其他因素也会影响儿童青少年身体的发育，包括营养、激素、运动和医疗情况。同时，科学家们通过研究已经确定了700多个决定身高的不同基因。其中一些基因影响骨骼的生长，另一些影响生长激素的产生。对于来自不同种族背景的人来说，正常的身高范围也是不同的。而这些都是由他们的基因所决定。"曾致远开始了他的科普。

小飞挠了挠头："好复杂呀，看来我的身高基本上已经由你和妈妈的基因决定了。那我跳绳也没什么太大作用。"

"当然不是！虽然基因无法被改变，但是我之前说的这些因素都可能影响青春期骨骼的生长发育，适当的运动也有可能帮助身高增长"曾致远严肃地说。

林思媛微笑着安抚小飞："明白了吗，小飞？爸爸都给你进行这么专业的科普了。妈妈虽然运动知识欠缺一点，但是从医生的角度告诉你，随着你的年龄增长，身体需要良好的营养和适量的运动，以便在你的青春期快速长高。"

听完林思媛的话，小飞立刻跑去抽屉里拿出自己的跳绳在客厅里跳了起来。林思媛见状大喊道:"小飞,你平时去打篮球都是去篮球场对不对,而且打篮球的小朋友都穿了适合篮球运动的衣服和鞋不是吗?跳绳和打篮球是一样的,也要在合适的场地穿着合适的服装进行锻炼,防止造成运动损伤。所以你是不是也应该选一双舒服的运动鞋,找一个宽敞的、平坦的地方再开始练习呢?不要忘记做运动前的准备活动哦。快换好鞋子、衣服,去楼下的平地上练习吧。"

小飞换好鞋子和衣服,就和曾致远一起出门去练习跳绳了。"1、2、3、4……1、2、3、4、5……""怎么又断了,再来"。"1、2、3……1、2、3、4……",曾致远看着正在练习跳绳的小飞,有时手摇快了,脚却起跳慢了;有时脚跳快了,手却摇慢了,小飞始终没有办法让手和脚统一在一个节奏点上连贯起来。由于没有找到合适的训练方法,小飞看着手中的绳叹了叹气,低下了头。于是曾致远走上前拍了拍小飞的肩膀说:"小飞,不要气馁,你现在跳得少,是因为没有掌握好跳绳的技巧。我们可以先观看一下专业选手的跳绳动作,这样可以帮你掌握正确的跳绳动作,我们一起来看看吧!"

小飞认真地点点头说:"好的。"

曾致远和小飞一起看完了跳绳的视频,曾致远说:"小飞,你看,你的跳绳姿势需要调整一下,要让身体自然站立,两脚踝稍微错开,面朝前,目视前方。上臂贴近身体,肘稍外屈,手腕发力摇绳，在体侧做画圆动作。绳子的转动应匀速有节奏，跳起时脚尖点地，两肩放松，腰腹部收紧，身体成自然弯曲姿势。在没有跳绳的情况下，你可以闭上眼睛想象跳绳的动作要领，同时让你的手脚动起来，模拟跳绳的动作，然后再拿绳子跳，这样效果会更好。"

小飞点点头说："爸爸，我试试。"

小飞按曾致远说的跳绳方法开始练习，真的比原先有了提高，有时可以连续跳十多个了。小飞非常高兴，对曾致远说："你快看，爸爸！我跳绳的动作有进步吗？"

曾致远赞许地说："确实不错，不过爸爸还是觉得你跳得太快了。你试试跳得慢一点，掌握好摇绳的高度，这样连续的次数还会多一点。"

小飞听完曾致远的话，认真地点点头说："我知道了。"说完，他按照曾致远的提示，又开始练习起来。

一个多小时过去了，小飞满头大汗。曾致远说："小飞，今天我们就练到这里吧。以后每天你都可以按这个方法练习，这样你的跳绳水平一定会提高的。"

小飞高兴地说："知道了，爸爸，我一定会努力的。"说完，他急匆匆地跑进家门想要喝水。

林思媛赶快把水递过来，对小飞说："小飞，你看运动后出那么多汗，我们一定要注意适当补充一些水分，但是也别一次性喝得太撑啊。"小飞听完认真地点点头。

有了家人的支持和帮助，渐渐地小飞能一口气连续跳 100 多个，这让他感到无比开心和骄傲。

终于到了比赛的日子，经过小飞不断的努力，全家人一起见证了小飞的高光时刻——在比赛中小飞发挥稳定，取得了巨大的进步。

跳绳比赛告一段落，但练习跳绳的任务小飞却一直坚持下来。当他再次回到篮球场上，他突然感觉自己变得更加灵活，体能也比以前有了质的飞跃，在场上卓越的表现更是赢得了教练和队友的连声称赞。曾致远和林思媛看到小飞在场上表现得如此自信也为他感到十分骄傲。

跳绳不仅仅让小飞克服了自己的问题，还帮助他建立了更加强大的自信心，提升了运动能力，增强了身体素质，让他真正地体会到跳绳的好处。从不愿意跳绳需要有人陪伴一起练习，到现在每天一放学回到家第一件事情就是拿着跳绳在门前的平地上练习，跳绳改变了小飞，小飞也爱上了跳绳。

◎ 基础知识点

1. 身高增长的影响因素

身高增长是一个涉及多个生理系统协同作用的复杂过程，受到遗传、营养、环境和运动等因素的共同影响。多年来，人们一直认为 60%~80% 的身高差异是由遗传决定的，而最近一项发表在《自然》杂志上迄今为止规模最大（540 万人）的全基因组关联研究发现了 12 111 个影响身高的基因变异。这些变异集中在与骨骼生长相关的基因附近，为身高提供了强大的遗传预测因子，可以解释欧洲血统人群 40% 的身高差异，以及非欧洲血统人群 10%~20% 的身高差异。

此外，营养状况也是影响身高的重要因素，其中蛋白质和矿物质（特别是钙和磷）的摄入直接影响骨骼的生长和发育。环境因素，如生活习惯、睡眠质量和疾病状态，也可能对身高增长产生影响。持续的睡眠不足、过度的压力或者慢性疾病都有可能抑制儿童的身高增长。然而，在所有这些因素中，运动是一个被经常忽视但实质性影响身高的因素，能够通过刺激骨骼生长和提高骨密度，从而对身高产生积极影响。

2. 运动对儿童青少年骨骼健康和身高增长的促进作用

骨骼健康对儿童青少年的身高增长具有极其重要的作用。作为身体的支撑结构，同时也是钙等矿物质的储存库，骨骼的健康状况直接关系到身高的增长。在这个过程中，良好的骨密度是不可或缺的一个要素，而运动是提高骨密度的有效手段。儿童青少年时期是骨骼生长发育的关键时期，这一时期骨密度的积累达到顶峰。根据伍尔夫定律（Wolff's law），骨骼会根据其承受的机械压力进行重塑。跳绳和其他以重力为主的体重承载活动（如快走、跑步等）能有效地对骨骼施加机械负荷，刺激骨细胞活动，从而促进骨密度的增加和骨骼的发育。

3. 跳绳的健身效益

（1）增加骨密度。跳绳运动作为一种重力负荷性运动，能够对骨骼产生有效的力学刺激，从而激发骨骼建模和重塑的过程，增加骨密度。这种冲击力的刺激可以诱发骨细胞活动，进而增强骨小梁的矿化程度，提升骨质重量，优化骨质微结构，以及强化骨质抗压强度。此外，跳绳运动也有助于改善骨骼的血液供应，提升骨质的营养状态。对于青少年群体来说，跳绳运动的力学刺激可以有效刺激骨生长板（骨骺），促进骨生长板的增生活动，从而加速骨骼生长速度，对身高的增长产生积极影响。因此，对于身处骨骼发育阶段的青少年来说，跳绳运动具有明显的促进骨骼发育、增加骨密度的效果，有益于他们的骨骼健康。

（2）提升心肺耐力。跳绳运动是一种有效的有氧运动形式，其特殊的高强度间歇性质，有助于显著提升心肺耐力。在进行跳绳运动时，心率和呼吸频率会逐渐加快，进而强化心肌的收缩力，提升心脏的泵血能力。同时，对于肺部来说，更频繁的呼吸可以提高肺部的通气量，优化呼吸系统的气体交换效率，使得体内氧气摄取和二氧化碳排出的过程更为高效。这样的生理变化带来的效果是心肺耐力的提升，即心肺系统在面对持续的运动刺激时，能够更有效地提供和使用氧气，增强了个体在高强度或长时间运动中的持久力。

（3）增强肌肉力量和速度素质。在跳绳过程中，需要核心肌群（包括腹部和躯干的肌肉）维持身体稳定性，下肢肌肉完成跳跃动作，以及上肢肌肉（包括手臂和肩膀）完成摇绳动作。这样的运动模式将使全身多处肌肉（如核心、臀部、大腿、小腿、肩膀、背部、手臂等）得到有效的锻炼，从而提升全身肌肉的力量。同时，由于力量的提升，也能显著提高个体的速度素质。相较于单关节的健身运动，跳绳能够燃烧更多的热量，有效地进行脂肪燃烧。

◎ 常见误区

1. 跳绳一定可以促进儿童身高增长

这是一个普遍的误区。跳绳确实可以提高骨密度和骨的发育，这是由于跳绳运动过程中产生的机械压力可以刺激骨骺的生长。然而，这并不意味着跳绳一定能直接促进身高的增长。生长激素、遗传因素、营养状况等众多因素共同决定了儿童和青少年的身高增长。尽管跳绳可以作为身高增长的一个有利因素，但过度依赖或期待它能显著提高身高是不科学的。

2. 任何地方都可以跳绳

这种观念在很大程度上是错误的。实施跳绳运动时，场地选择与地面质地对预防运动伤害和提升运动效果具有重要影响。在硬质地面上进行跳绳时，由于这些地面对冲击力的吸收能力有限，可能会加剧对下肢，特别是脚踝和膝关节的冲击负荷，从而增加运动损伤的风险。相较之下，木质地板或专用运动垫具有良好的弹性和冲击力吸收能力，能有效地减少对关节的冲击，进而降低运动损伤的可能性。同时，进行跳绳运动的空间选择也应注意高度的充足，以防绳索在运动过程中与天花板或其他悬挂物碰撞，影响运动的连贯性和安全性。

◎ 科学健身建议

1. 跳绳的正确动作

跳绳运动中，正确的技术对于减少运动损伤、提高运动效率以及增强身体适应性至关重要。跳绳时应保持上身直立，尽量减少前倾或后仰。双脚同时离地，尽量保持两脚并拢，前脚掌着地。双手持绳，肘部贴近身体，通过前臂和腕部的活动来操控跳绳。在跳起与落地的过程中，脚踝、膝盖和髋关节的协同弯曲可以有效吸收冲击力，减少关节压力。

2. 优化营养状态以支持骨骼健康

除运动锻炼外，适当的营养摄入也对骨骼健康至关重要。充足的钙和维生素 D 摄入可以支持骨骼的矿化过程，促进新骨的形成和旧骨的重塑。钙主要存在于乳制品、绿叶蔬菜等食物中，而维生素 D 可以通过日光照射生成，同时也存在于一些富含维生素 D 的食物如鱼类中。此外，蛋白质、镁和锌等其他营养素也对骨骼健康具有重要作用。在饮食中，注意这些营养素的摄入必要时，也可以在医生的建议下适当补充这些营养素，以进一步提升运动对骨骼健康的促进效果。

20

运动有助于儿童青少年防控近视吗？

自从给小飞和小婷买了新的平板电脑后，林思媛经常提醒他们要合理使用，保护眼睛。可是，最近林思媛发现小飞有时候眯着眼睛看东西，心里嘀咕小飞是不是视力下降了。

"妈妈，这段时间在网上学英语，有时会感觉眼睛有些不舒服，是怎么回事呀？我会不会近视了？我们班已经有一些同学戴上小眼镜了。"晚饭时小婷问林思媛。

林思媛边吃饭边说道："最近我看你和小飞用电脑、看电视的频率和时间都有所增加，肯定增加了眼睛的负担，可能引起眼睛不舒服，也可能导致视力下降！"

"我可不想戴眼镜。"小婷说道。

"所以我前两天咨询了一下我们医院的眼科医生，她提出小朋友们一定要科学用眼才能保护视力，要避免在光线不足的环境中，较长时间地近距离看静止的物体，如书本、电脑屏幕、电视等。这样会使睫状肌因长时间收缩而过度疲劳，正常的放松和舒张能力下降，晶状体凸度增大而无法恢复到正常水平，使物像无法聚焦在视网膜上，而是聚焦在视网膜前面，以至于看不清远处物体，只有将物体移近才能够看清楚。所以，长时间过度看电脑屏幕，有可能导致眼睛疲劳或者视力下降。"林思媛说。

"原来是这样呀，肯定是我每天盯着电脑的时间太长了，没注意休息。而且晚上有时在昏暗的灯光下看书才导致我的眼睛不舒服。"小婷郁闷地说道。

"那我看爸爸妈妈也经常看电脑、看手机呀，为什么他们不会近视不用戴眼镜呢？"小飞突然抬起头问道。

这时曾致远端着糖醋排骨走过来："你们呀，每天用眼时间太多，又不注意用眼期间的休息。我和你妈妈虽说每天工作用眼时间也很长，但是我们会主动停下来让眼睛休息一下，比如远眺、做做按摩或视觉晶体操，让眼睛的疲劳得到缓解。还有一个原因是我和你妈妈参加的运动次数和时间都比你们俩多。"

"运动锻炼可以预防近视吗？"小飞和小婷同时问道。

曾致远开始了他的科普："当然可以，尤其是在进行球类运动的时候，比如在打乒乓球的过程中，我们的眼睛必须紧盯来球，力争对球的位置做出正确的判断。这就导致击球者的眼睛在看几米和几十厘米远物体的状态下不断切换，从而使睫状肌的收缩和舒张不断交替进行。在回合较多时，击球者的眼睛就可能经过十几次甚至几十次视远物和视近物的交替。这对改善睫状肌的收缩和舒张能力是一种非常有效的锻炼，眼珠会不停地移动，促进眼球组织的血液供应和代谢，能够放松眼睛，减轻疲劳，从而在一定程度上预防近视，改善视力。"

"原来是这样！"小飞兴奋地喊道。

"那仅仅是球类运动可以帮助我们缓解近视吗？或者还是说只有小球类的运动可以，像足球和篮球就没什么用，那像我去游泳或者进行户外锻炼呢？"小婷接二连三地抛出问题。

"其实，球类运动对近视的防控都有积极的作用，特别是篮球、足球等户外运动的效果更好。国内外的研究都发现，每天保证 2 个小时的充足户外光照和一定强度的有氧运动，对眼睛的健康有诸多帮助。同时，也有研究发现，短时间的高强度有氧运动也有好处，这可能和运动后眼压下降，脉络膜供血增加有关。"曾致远继续说道。

林思媛紧接着说："是的，进行充足的户外活动，让眼睛接受自然光线是保护眼睛的关键。而且，我觉得首先你们要少看电视、少用电脑，多注意用眼休息，同时尽可能多地去参加各类户外运动，因为运动时间的增加也意味着你们玩手机、平板电脑等用眼时间的减少，这本身对近视的防控也是有积极作用的。"

"我知道了！我近期一定注意预防近视，要不然我连篮筐都看不清楚了，哈哈哈哈。"小飞边笑边说。

"快吃饭吧，以后咱们所有人都要争当护眼小能手。"曾致远和林思媛笑着说道。

叶奶奶这时也说："我们这一代人基本上都不近视，只是现在年纪大了，需要佩戴老花镜。你们现在视力下降，与过度用眼一定有关系，我和你爷爷最近在科普网站看到一套'视觉锻炼晶体操'，可以帮忙缓解用眼疲劳，饭后咱们一起试试吧。"

饭后，一家人跟着"视觉锻炼晶体操"科普视频做起了眼睛放松操。

◎ 基础知识点

1. 户外活动与视力健康

虽然近视的发生与遗传和环境因素都有关，但是越来越多的研究证据显示环境对儿童青少年近视发生、发展起到重要作用。近年来，来自多个国家和地区的研究证实，户外活动时间的减少与儿童青少年近视的发生与发展密切相关。有研究显示，每天暴露于户外明亮光照的时间越长，近视进展越慢。但是，户外活动防控近视的机制并未被完全揭示，有学者对户外活动防控近视的潜在机理进行了分析，总结为以下八个方面的可能机制：明亮的光照、减少周边离焦、较高的维生素 D、不同色光光谱、较高的身体活动、昼夜节律、减少近距离工作、更高的空间频率特性。

2. 体育运动与视力健康

现有的研究显示，参与体育运动是儿童青少年视力健康的保护因素之一。经常参加体育运动的儿童青少年近视发生率较低，而且积极参加体育锻炼不仅能在一定程度上预防近视的发生，还会对近视者（尤其是假性近视者）的视力水平起到一定的改善作用。体育运动防控近视的原因可能与户外自然光光照充足、锻炼眼部肌肉、缓解眼部疲劳等因素有关。

◎ 常见误区

1. 只有乒乓球、羽毛球、网球等小球运动可以防控近视

这个观点是不正确的。综合国内外的研究结果，小球运动，如乒乓球、羽毛球、网球等，在防控近视中确实可以发挥积极作用。在此类运动中，球运动速度快、方向变化多，需要运动参与者的眼睛密切注视球的运动轨迹，并做出及时判断，对眼睛屈光度的调节、睫状肌的收缩等都能起到很好的锻炼作用。但是，并不是说只有乒乓球、羽毛球、网球等小球运动可以发挥近视防控作用。实际上，适当地进行各种形式的户外体育活动都有助于增加眼睛的光照暴露，有助于防控近视，并减少眼睛近距离工作的时间。

2. 阴天进行户外活动对近视防控没效果

这个观点是错误的。如前所述，户外活动防控近视的一个重要的原因之一就是明亮的光照环境。即使在阴天和阴凉处，室外

的光照强度也远远高于室内环境或灯光。因此，即使在阴天或阴凉处进行户外活动，眼睛也会接受适当的自然光暴露，进而有助于近视的防控。

◎ 科学健身建议

现在的证据明确指出，进行适当的户外活动或户外体育运动是防控儿童青少年近视发生、发展的经济有效的方式。我国《儿童青少年近视防控适宜技术指南》也强调了户外活动在防控儿童青少年近视中的重要地位，明确提出"天天户外120，校内校外各60"的要求，即每天保证日间户外活动时间120分钟，分别落实在校内和校外，充分发挥课间10分钟、增设30分钟大课间等。综合来讲，根据现在的研究和指南，通常建议儿童青少年每天至少进行2个小时户外活动，每周累计进行14个小时户外活动。

因此，应鼓励儿童青少年到户外阳光充足的地方玩耍，进行体育活动，比如放风筝、奔跑，以及足球、飞盘、篮球、网球等运动，不仅能够提升儿童青少年体质健康水平，也能够对儿童青少年的视力起到一定的保护作用，可在一定程度上降低儿童青少年近视的风险。此外，应鼓励近视患者在2个小时的日间户外活动推荐量的基础上，额外增加日间户外活动时间，以减缓近视向高度近视发展并造成眼病的发生。

21

运动时该不该听音乐？

　　临近年底的一个傍晚，曾致远刚从菜市场买菜回家，准备给正在锻炼的林思媛和上完运动课回来的孩子们做一顿大餐。

　　突然，林思媛蹦蹦跳跳地冲过来，兴奋地对曾致远说："我发现了一个秘密！"

　　曾致远疑惑地看着她："是你又发现了瘦身的捷径吗？"

　　"才不是呢！是我刚才在锻炼的时候发现了音乐的激励效果！"

　　"音乐的激励效果？"曾致远疑惑地看着她。

　　"对呀，是这样的，我刚才开始锻炼的时候听的是书籍音频，讲的是怎么学好演讲。这个人在说话的时候很沉稳，而且很柔和。我听着这个音频训练了大概有半个小时到 40 分钟，都没有出汗！一点兴奋的感觉都没有，越练越心烦！"林思媛抱怨道。

　　曾致远边切菜边说："是不是你锻炼的时候注意力不集中啊，还是训练强度太低了？"

　　林思媛嘟囔道："不会啊，我练习的内容和平常一样，而且我练习的目标肌肉都没有明显的感觉，如果 10 分是满分的话，顶多也就 2~3 分。体验不好，所以心里很烦就不想练了，但我又不想轻易放弃……"

"哈哈哈，我看呀咱这肥先别减了，要不先吃饭吧。"曾致远边炒菜边笑道。

"哎呀，先听我说完。后来我不禁在想运动的时候到底该不该听音乐？一边想我一边把之前的书籍音频换成了节奏比较欢快的音乐来继续锻炼。结果换了音乐之后感觉慢慢兴奋起来了，一个半小时过去了感觉还非常好，没有之前训练到后半段很疲劳的感觉。我认为这应该和我听的音乐有直接的关系。"林思媛认真地回忆道。

曾致远一边盛饭一边说："没错，其实在体育运动领域，音乐一直被当作一种激励工具。很多研究都试图衡量音乐对运动锻炼效果、运动乐趣和运动疲劳等方面的影响。不同的项目和锻炼内容适合不同的音乐，不同节奏的音乐可能有着不同的激励效应。"

"对！就像我前两天跳毽子操搭配周杰伦的《本草纲目》一样，精准踩点、动感十足，根本停不下来！所以，有时候真的不是我不想运动，而是缺少一首激励我运动的音乐！"

曾致远大笑："你这个举一反三的思维是好的，但是能不能不要给你的懒惰找借口？哈哈哈哈哈……"

"小飞、小婷，快来吃饭了。"林思媛不理会曾致远，转身喊道。

看着满桌丰盛的饭菜，小飞和小婷立刻狼吞虎咽地吃起来。

小飞边往嘴里扒饭边说:"爸爸、妈妈,我刚回来听你们在说运动时听音乐的事儿。运动的时候可以听音乐吗?"

曾致远笑着看向林思媛,说道:"运动时当然可以听音乐呀,妈妈刚才一边听音乐一边运动可有劲儿了。"

林思媛瞪了曾致远一眼,接着说道:"小飞,妈妈刚才运动的时候听了一首动感的音乐,感觉运动效果更好了。具体什么原理还得问问你的体育教师爸爸。"

"咳咳,那我就给你们讲一讲吧!"曾致远开始了他的"表演"。

"听一首自己喜欢的音乐,再加上这个音乐是一首节奏比较劲爆而有激情的歌曲,那么就会让我们产生兴奋的感觉,这是因为音乐刺激了人的交感神经并产生兴奋……"

话音未落,林思媛不禁抢答:"这个我知道!交感神经兴奋会使心搏加强和加速,代谢增强,肌肉工作能力增加……"

"不错,非常正确。这时肌肉的控制能力和抗疲劳能力就会增强,容易把我们带入一种兴奋状态,使你的运动表现更好,更有利于我们进行体育锻炼。"

这时小婷突然问道:"爸爸,那我在游泳的时候怎么没有听过音乐呢?我觉得全神贯注最好,有音乐反而会影响我。"

"哈哈,你在水里怎么听音乐啊。有的运动当然需要全神贯注了!像我们打篮球的时候就需要观察场上的一举一动,还要和队友沟通交流，所以不能听音乐，这你都不知道。"小飞笑得嘴里的饭都快喷出来了。

"就你知道得多！吃饭都堵不上你的嘴。"小婷生气地说道。

"好啦，你俩别闹了。我明白小婷的意思，动感的音乐的确能使人感到兴奋，但如果你在进行的运动需要集中注意力，并且进行快速的反应和判断的时候，那么听音乐反而会干扰你，使你心烦意乱，影响你的运动表现。相反，如果在进行比较剧烈的运动时一直听节奏平静、悠扬甚至悲伤的音乐，可能会使心情过度平静，不利于产生好的锻炼效果。"曾致远紧接着补充道。

林思媛连忙说道："对！就像我刚才在力量训练的过程中听演讲一样无法集中注意力，导致肌肉收缩的感觉变差。所以在训练前选择合适的音乐是非常重要的。"

"而且我觉得人都是情感动物，当我们听到悲伤的音乐时，很容易就会投入进去。例如，一个人失恋了，给她听《快乐崇拜》这样欢快的音乐，她可能就不容易哭出来。假如换一首《他不爱我》可能就会加深她的悲伤情绪，让她泪流满面，这就是音乐对人心理的影响。"林思媛补充道。

曾致远点点头，说道："小飞、小婷，你们要多学学妈妈举一反三的能力，把每个知识点都带到自己的运动当中去，这样才能明白音乐对人的情绪和运动状态的影响。总之，运动时听音乐因人而异，不要让音乐干扰你，而是让音乐成为你运动的'助推剂'。音乐会影响心情，心情会影响训练效果，训练效果决定了训练水平。"

"我明白了！"小飞和小婷异口同声地说道。

"看来运动时的音乐选择真的很重要，往后我们可得跟你多学学！"林思媛夸奖道。

"哈哈哈，愿意效劳，快吃饭吧。"曾致远说。

一家人其乐融融地吃起了晚餐。

◎ 基础知识点

随着人们对音乐和运动的认识不断加深以及对两者之间关系和影响机制的深入探究，学者们逐渐发现并揭示了音乐与运动之间所存在的联系。他们通过对前人的研究总结发现，音乐对运动时的心理和生理、运动表现和成绩、运动性疲劳等方面均存在一定程度的影响。下面将结合以往研究成果，简要介绍和阐释音乐对运动的三项积极影响及其机制。

1. 音乐对运动情绪的影响

诸多研究都证明音乐对运动情绪存在积极影响，而且音乐可以为运动中的锻炼者带来积极的情绪反馈。首先，音乐可以调节锻炼者运动前的情绪。其次，运动中锻炼者的运动乐趣和流畅体验能够影响锻炼的坚持性，而音乐可以增加运动乐趣和增强运动的流畅体验感。同时，运动过程中强度的增加往往伴随锻炼者消极情绪的增长，然而伴随音乐运动能够有效缓解因运动强度增加引发的消极情绪。最后，伴随音乐进行运动还可以影响运动结束后锻炼者回忆运动情境的愉悦程度。当然，音乐在运动中所扮演的角色也受个体心理状态、文化程度、爱好和个性因素的影响，所以在运动中选择音乐也需要注意个性化。

2. 音乐对运动能力的影响

已有学者探讨了音乐对锻炼者的力量、速度、耐力等方面的影响，结果显示，在锻炼时听合适的音乐，可以不同程度地提升锻炼者的运动能力和表现。例如，音乐可以提高锻炼者的总功、相对峰值功率输出和平均功率输出功率，延长锻炼者的力竭时间，增强运动耐力水平，提高人体力量表现，提升锻炼者的跑步速度等。

3. 音乐对运动性疲劳的影响

音乐对运动性疲劳可能存在积极影响。通俗地讲，运动时会出现呼吸困难、流汗、肌肉酸痛僵硬等感觉，并通过神经系统传递至大脑，而听音乐会对这种传递产生干扰。同时，音乐就像镇静剂，可以使肢体更有力量，耐力更强。具体而言，音乐可以改善大脑和整个神经系统的功能，提高人的耐力和代谢效率。其次，边运动边听音乐还可以使大脑释放一些令人感觉良好的化学物质，如多巴胺等，它们会促进人的良好情绪，缓和疼痛，减轻疲惫。最后，运动时聆听音乐，利用音乐的节奏性规律也可以有效地控制运动者动作的频率、幅度及运动负荷，而且大脑的神经元甚至可以与音乐的节拍同步运作，这种随音乐节拍的同步可以使人们更快地进行重复性运动。

◎ 常见误区

听音乐适合所有运动项目。这个观点显然是错误的。虽然音乐可能对情绪、运动表现和运动性疲劳产生积极效应，但不可否认的是音乐并不能对所有人或所有运动项目都有增益效果。有的人在运动时听音乐会兴奋，而有的人就会感觉音乐分散了自己的注意力。当执行一些不那么熟悉的训练动作，或者需要集中高度注意力去完成的一些运动，如飞镖、举重等，音乐有可能会产生干扰，增加受伤的潜在风险。特别是一些更专注于呼吸、心率来反馈身体状况和训练效果的项目，音乐会打乱训练节奏。另外，如果在马路上骑单车或者跑步，戴着耳机听音乐，音乐将隔断周围的环境声，人们将无法听到周围环境的车辆声和人声。当意外发生时，人们可能无法在第一时间作出反应，对于自身安全也会造成一定的不利影响。

◎ 科学健身建议

正如前文所述，音乐可以对锻炼者带来诸多益处，但不是音乐对所有人群和所有运动项目都能产生积极效益。如果在运动中没有正确使用音乐，反而会影响正常锻炼甚至造成运动风险。因此，应该科学合理地将音乐运用到日常锻炼和专业训练中。以下主要从音乐类型与运动项目、音量大小与运动安全、音乐习惯与运动环境等方面给予一些建议。

1. 音乐类型与运动项目

不同音乐类型对运动状态的促进和影响也取决于不同的运动项目。高强度有氧运动和抗阻训练推荐节奏鲜明且富有激情的快音乐，而瑜伽、太极拳、健身气功等低强度或包含多种静力性姿势的运动则适合较为平静舒缓的音乐。在选择适合的运动歌曲时，应尽量选取节奏与项目的运动频率相接近的音乐，一方面运动起来更有节奏感，另一方面不会让音乐扰乱运动的节律。除此之外，运动中所听音乐的每分钟节拍数在 120~140 较为适宜，有研究发现这样的节奏基本与人运动时的心跳吻合，有助于提高锻炼效率。

2. 音量大小与运动安全

为了安全起见，在户外跑步的时候，请适当调低音量，至少要能听到周围的环境声。运动时佩戴耳机听音乐，特别是降噪型耳机在户外运动，很容易因为"非注意盲视"（人的感官剥夺、分心，听到喇叭的能力受阻）而导致事故发生。另外，持续的强声接触，会不可逆地损伤内耳毛细胞或损伤耳道内鼓膜，从而造成听力下降。

3. 音乐习惯与运动环境

音乐可以有效调节运动情绪、提升运动能力和降低运动性疲劳，因此不少运动爱好者和专业运动员养成了边听音乐边运动的习惯。长此以往，运动者很容易产生对音乐的依赖心理。然而平时锻炼或训练与参加竞技比赛时的运动环境不尽相同，特别是在一些专业比赛中，运动员是不允许佩戴耳机的。这种运动环境的变化很容易导致运动员产生不适应感，从而影响运动成绩和竞技水平。另外，在人少或者是比较偏僻的地方夜跑时，也应尽量避免佩戴耳机听音乐，因为确保人身安全始终是运动的前提条件。

参考文献

1. 陈爱国，熊轩，朱丽娜，等. 体育运动与儿童青少年脑智提升：证据与理论 [J]. 体育科学，2021，41（11）：43-51.

2. 陈庆伟，汝涛涛，罗雪，等. 电子媒体使用对睡眠的影响、机制及其干预 [J]. 心理科学进展，2019，27（1）：70-82.

3. 陈文鹤，郭吟. 运动减肥 [M]. 北京：人民体育出版社，2011.

4. 崇玉萍，陈香仙，薛才宽. Hatha 瑜伽对颈型颈椎病康复的影响 [J]. 北京体育大学学报，2014，37（2）：71-5.

5. 戴声豫，黄明明，袁浩腾，等. 高强度间歇运动对超重或肥胖人群减肥效果的 Meta 分析 [J]. 中国预防医学杂志，2023，24（1）：44-52.

6. 邓凤莲，王洋洋. 从解剖学视角解析大学体育教学中仰卧起坐动作的合理形式 [J]. 当代体育科技，2019，9（34）：107-9.

7. 邓梅. 少年儿童不同年龄阶段力量训练特点 [J]. 河北体育学院学报，1999（4）：17-19.

8. 董芳. 仰卧起坐减腹部　姿势正确是关键 [J]. 家庭医学（下半月），2021（7）：44-45.

9. 董毅. 生物节律与运动 [J]. 中国体育科技，2019，55（4）：22-30.

10. 段绍杰，刘尊敬，陈佳良，等. 脂质蓄积指数、内脏脂肪指数对非酒精性脂肪性肝病的预测价值［J］. 临床肝胆病杂志，2022，38（1）：129–134.

11. 范晶，丁芝祥. 光环境与近视发病机制研究进展［J］. 眼科新进展，2022，42（8）：639–643.

12. 高喜倩，李杰凯. 健美操运动音乐韵律与动作节奏恰和所致愉悦规律的实证研究——基于运动项目"娱人致趣"原理［J］. 沈阳体育学院学报，2017，36（4）：98–105.

13. 龚明俊，付皆，胡晓飞. 运动锻炼干预睡眠障碍效果的 Meta 分析［J］. 中国体育科技，2020，56（3）：22–31.

14. 光明网. 每天这样刷手机，人更容易抑郁——你可能已经这么做了［EB/OL］.（2021–12–27）［2023–08–08］. https：//m. gmw. cn/baijia/2021–12/27/1302738954. html.

15. 郭松燃. 马拉松业余选手运动风险认知及对策研究［D］. 长春：吉林体育学院，2020.

16. 贺灵敏. 上海市瑜伽练习人群身体损伤的社会学原因分析及对策研究［D］. 上海：上海体育学院，2010.

17. 何福洋. 浅论体育运动中合理补水的重要性［J］. 给水排水，2022，58（6）：192.

18. 何鲜桂，潘臣炜. 儿童青少年近视防控需要更高质量的研究证据［J］. 中国学校卫生，2021，42（2）：161–164+169.

19. 降凌燕，焦振山. 中心性肥胖诊断标准及其在代谢综合征诊断中的应用研究进展［J］. 中国慢性病预防与控制，2011，19（3）：314－317.

20. 教育部、国家卫生健康委等八部门关于印发《综合防控儿童青少年近视实施方案》的通知［EB/OL］.（2019－02－11）［2023－08－08］. http：//www.moh.gov.cn/jkj/s7934td/201808/9c15cbb15d674fe7a115773a822d3300.shtml.

21. 金刚，潘景玲，蔡赓. 体育锻炼对小学生视力健康的现实意义与实证研究［J］. 首都体育学院学报，2021，33（1）：40－48.

22. 李良，徐建方，路瑛丽，等. 户外活动和体育锻炼防控儿童青少年近视的研究进展［J］. 中国体育科技，2019，55（4）：3－13.

23. 李睿智. 过量摄入不同膳食脂肪对脂肪酸体内分布及脂质稳态的影响［D］. 无锡：江南大学，2021.

24. 刘畅. 增肌塑形的10个建议［J］. 拳击与格斗，2021（12）：33－35.

25. 刘建秀，方雯，王帝之，等. 高强度间歇训练促进儿童青少年健康：现状·机制·可行性［J］. 体育科学，2019，39（8）：61－72.

26. 刘莉莉，江伟新，孙子林. 加强体医融合，切实推进糖尿病运动康复管理［J］. 中华糖尿病杂志，2019，11（9）：569－572.

27. 刘明霞，花静. 电子屏幕暴露对儿童运动影响的研究进展［J］. 中国儿童保健杂志，2022，30（1）：62－66.

28. 刘瑞东，曹春梅，刘建秀，等. 高强度间歇训练的应用及其适应机制［J］. 体育科学，2017，37（7）：73－82.

29. 刘彧秀，陈晓红. 中老年女性不同半蹲模式振动抗阻训练下肢肌肉及躯干肌肉的激活特征比较［J］. 首都体育学院学报，2023，35（1）：9.

30. 刘雯静，张钰，潘妮，等. 老龄化背景下广场舞锻炼与老年人死亡焦虑的关系：链式中介效应分析 ［J］. 沈阳体育学院学报，2022，41（2）：63-69+128.

31. 刘宇. 运动性疲劳与恢复的研究综述 ［J］. 科技信息，2010（7）：139+80.

32. 陆颖. 老年人健身锻炼的误区及消除途径分析 ［J］. 当代体育科技，2018，8（7）：213－214.

33. 马坤，刘金美，付翠元，等. 运动对抑郁症的干预作用及机制研究进展 ［J］. 中国体育科技，2020，56（11）：13－24.

34. 美国国家体能协会，贾里德·W. 科伯恩，莫赫·H. 马立克. NSCA－CPT美国国家体能协会私人教练认证指南（第2版）［M］. 高炳宏，译. 北京：人民邮电出版社，2021.

35. 孟建平. 瑜伽锻炼对老年人情绪及睡眠质量的影响 ［J］. 中国老年学杂志，2013，33（18）：4568－4569.

36. 诺娃贝琳. 瑜伽手册：循序渐进完全瑜伽指南 ［M］. 索娃，编译. 北京：人民日报出版社，2004.

37. 欧阳辉，何雪常，沈龙彬，等. 运动对类风湿关节炎伴骨质疏松患者的骨密度及骨代谢的影响 ［J］. 中国骨质疏松杂志，2018，24（2）：174－180.

38. 彭永，朱欢，刘尧峰，等. 24周太极拳结合弹力带抗阻运动对2型糖尿病患者足背微循环功能的影响 ［J］. 首都体育学院学报，2023，35（1）：77－85.

39. 乔玉成. 错位：当代人类慢性病发病率飙升的病理生理学基础——基于人类进化过程中饮食-体力活动-基因的交互作用［J］. 体育科学，2017，37（1）：28－44.

40. 邱俊强，杨俊超，路明月，等. 中国健康成年人身体活动能量消耗参考值［J］. 中国运动医学杂志，2022，41（5）：335－349.

41. 任保莲，陈叶坪. 健身运动延缓免疫系统衰老机制的研究进展（综述）［J］. 体育科学研究，2005（3）：92－93＋106.

42. 世界卫生组织. 身体活动［EB/OL］.（2022－10－05）［2023－08－08］. https：//www. who. int/zh/news-room/fact-sheets/detail/physical-activity.

43. 舒为群，罗教华. 马拉松运动中的科学饮水［J］. 陆军军医大学学报，2022，44（1）：34－39.

44. 苏锐，朱婷，彭波，陶伟吉，等. 音乐联合有氧运动对大学生执行功能的促进效益［J］. 中国体育科技，2021，57（8）：88－95.

45. 苏志雄，郝选明. 心率监测在运动训练中的作用及影响因素［J］. 成都体育学院学报，2002（2）：89－91.

46. 孙境含，王扩. 广场舞运动对老年人体质健康与心理情绪的影响［J］. 中国老年学杂志，2020，40（12）：2583－2586.

47. 宋绍兴，王凤阳，李颖. 乒乓球运动对少儿视力影响的研究［J］. 中国临床康复，2002（7）：1013.

48. 陶芳标.《儿童青少年近视防控适宜技术指南》专题解读［J］. 中国学校卫生，2020，41（2）：166－168＋172.

49. 陶芳标，潘臣炜，伍晓艳，等. 户外活动防控儿童青少年近视专家推荐［J］. 中国学校卫生，2019，40（5）：641‑643.

50. 陶鸿斌. 提高仰卧起坐成绩的多种练习策略［J］. 体育教学，2021，41（9）：83‑84.

51. 陶蕾. 音乐对跑步训练的调适作用及应用研究［D］. 杭州：浙江工业大学，2018.

52. 陶然，付江宁，李娟. 运动习惯与社区老年人认知功能的关系［J］. 心理与行为研究，2020，18（5）：707‑713.

53. 田浩楠，汪军，周旭，等. 有氧和力量同期训练对不同年龄和性别人群的影响研究进展［J］. 中国运动医学杂志，2022，41（1）：52‑60.

54. 夏祥伟，毛丽娟，黄金玲，等. 中国高校研究生体育锻炼与全面健康的相关性——基于 BP 神经网络的实证研究［J］. 全球教育展望，2018，47（4）：111‑128.

55. 谢康友. 老年运动家：爱因斯坦［J］. 民营科技，2006（2），47.

56. 王会儒，顾问. 瑜伽辅助应用于临床康复治疗的国外研究进展［J］. 中华物理医学与康复杂志，2015，37（9）：712‑716.

57. 王会儒. 练瑜伽到底安全吗［J］. 大众医学，2018（7）：59‑60.

58. 王皎琴，傅鸿浩，张强，等. 飞轮抗阻训练对老年人骨骼肌肌肥大、肌肉力量和平衡能力影响的 Meta 分析［J］. 首都体育学院学报，2022，34（5）：568‑579.

59. 王京京，张海峰. 高强度间歇训练运动处方健身效果研究进展［J］. 中国运动医学杂志，2013，32（3）：246‑254.

60. 王丽娟，齐静. 儿童青少年生活方式对近视影响的研究：以身体活动近距离行为睡眠为例［M］. 上海：科学出版社，2021.

61. 王丽蒙，何鲜桂，谢辉，等. 中小学生近视相关健康信念与屏幕时间的相关性［J］. 中国学校卫生，2021，42（2）：181－184.

62. 王淼. 走出瘦身 3 误区减脂才是真减肥［J］. 家庭医学，2020（7）：44－45.

63. 王明义，康涛，杨杰文. 运动联合营养缓解 2 型糖尿病的专家共识［J］. 中国医学前沿杂志（电子版），2022，14（6）：12－21.

64. 王维群，李志清. 老年健身运动的研究综述［J］. 中国运动医学杂志，2001（1）：74－79.

65. 王艳，范虹颖，成盼攀. 健康中国视域下中国广场舞女性参与者主观锻炼体验的群体凝聚力研究［J］. 北京体育大学学报，2022，45（6）：142－151.

66. 王正珍. ACSM 运动测试与运动处方指南［M］. 北京：北京体育大学出版社，2015.

67. 文才新，江超，吴友良，等. 广场舞与健步走对中老年女性心血管功能影响的对比［J］. 河南师范大学学报（自然科学版），2020，48（1）：109－117.

68. 翁建平. 中国 2 型糖尿病防治指南（2013 年版）［J］. 中华糖尿病杂志，2014，7（4）：4.

69. 吴炜炜，兰秀燕，邝惠容，等. 传统健身运动对老年人睡眠质量影响的 Meta 分析［J］. 中华护理杂志，2016，51（2）：216－224.

70. 杨超然. 中国成年人不同腰围测量方法与身体脂肪含量及心血管风险因子的相关性分析［D］. 上海：上海体育学院，2017.

71. 杨杰孚，励建安. 国人运动训练前的专业性心脏评估，刻不容缓、亟待规范［J］. 中国循环杂志，2022（37）：657‑658.

72. 杨阳，陈栋，金兆中等. 抗阻训练对老年人肌肉功能影响的综述［J］. 课程教育研究，2013（6）：2.

73. 袁亚运. 广场舞对不同阶层城镇老年人健康的影响［J］. 城市问题，2019（9）：94‑103.

74. 张戈. 高强度间歇训练：运动量和锻炼效果研究进展［J］. 中国运动医学杂志，2016，35（2）：184‑188+183.

75. 张鸿懿. 音乐疗法（一）［J］. 中国病毒病杂志，1999（1）：51‑52.

76. 张建生，李兰香. 乒乓球运动对假性近视儿童视力的影响［J］. 通化师范学院学报，2010，31（8）：54‑55.

77. 张景华，王柯，曹振波. 身体活动对血液循环维生素 D 水平的影响——对观察性和实验性研究的系统综述与 meta 分析［J］. 上海体育学院学报，2021，45（10）：81‑96.

78. 张燕萍，张晨韵，唐姚，等. 运动干预对中国高血压患者血压影响的荟萃分析［J］. 中华高血压杂志，2018，26（8）：745‑753.

79. 张振忠. 浅谈如何强化青少年力量素质训练［J］. 田径，2022（4）：53‑55.

80. 赵非一，赵英侠，娄淑杰，等. 运动训练抗失眠及对睡眠‑觉醒周期调控的神经生物学机制［J］. 武汉体育学院学报，2016，50（2）：

75－82.

81. 赵平，王丹，郭英杰，等. 抗阻训练对女性中老年人骨骼肌机能之影响 [J]. 医用生物力学，2021，36（S1）：172.

82. 赵影，田萌，毛丽娟. 运动与免疫衰老的研究进展 [J]. 武汉体育学院学报，2015，49（6）：70－74.

83. 赵之光，陈浩，张倩，等. 运动相关心血管事件风险的评估与监测中国专家共识 [J]. 中国循环杂志，2022，37（7）：659－668.

84. 中国成人超重和肥胖预防控制指南（2021）[M]. 北京：人民卫生出版社，2021.

85. 中国居民膳食指南科学研究报告 [M]. 北京：人民卫生出版社，2021.

86. 《中国人群身体活动指南》编写委员会. 中国人群身体活动指南 [M]. 北京：人民卫生出版社，2021.

87. 中华人民共和国教育部.2021 年寒假中小学生和幼儿护眼要诀 [EB/OL].（2021－01－19）[2023－08－08]. http：//www. moe. gov. cn/jyb_xwfb/gzdt_ gzdt/s5987/202101/t20210119_ 510378. html.

88. 中华人民共和国国家卫生健康委员会. 国家卫生健康委员会 2021 年 7 月 13 日新闻发布会文字实录 [EB/OL].（2021 -07 -13）[2023 -08 -08]. http：//www. nhc. gov. cn/xcs/s3574/202107/2fef24a3b77246fc9fb36dc8943af700. shtml.

89. 钟煜. 电子屏幕警示：避免视觉风险 [J]. 心血管病防治知识（科普版），2017（19）：42－44.

90. 周术锋，王芳，彭永等.12 周太极拳联合渐进抗阻运动对膝关节骨性关节炎患者微循环功能及炎性因子的影响 [J]. 中国体育科技, 2023, 59 (3): 44-49.

91. ALENTORN - GELI E, SAMUELSSON K, MUSAHL V, et al. The association of recreational and competitive running with hip and knee osteoarthritis: a systematic review and meta-analysis [J]. Journal of orthopaedic & sports physical therapy, 2017, 47 (6): 373-390.

92. AMERICAN ACADEMY OF CHILD AND ADOLESCENT PSYCHIATRY. Screen time and children [EB/OL]. (2020 - 02) [2023 - 08 - 08]. https://www. aacap. org/AACAP/Families_ and_ Youth/Facts_ for_ Families/FFF - Guide/Children-And-Watching-TV - 054. aspx.

93. AMERICAN DIABETES ASSOCIATION. 2. Classification and diagnosis of diabetes: standards of medical care in diabetes—2021 [J]. Diabetes care, 2021, 44 (S1): S15 - S33.

94. AMERICAN HEART ASSOCIATION. Know your target heart rates for exercise, losing weight and health. (2019 - 04 - 19) [2023 - 08 - 08]. https: //www. heart. org/en/healthy-living/fitness/fitness-basics/target-heart-rates.

95. AMIDEI C B, TREVISAN C, DOTTO M, et al. Association of physical activity trajectories with major cardiovascular diseases in elderly people [J]. Heart, 2022, 108 (5): 360-366.

96. ASHTARY - LARKY D, BAGHERI R, ABBASNEZHAD A, et al. Effects of gradual weight loss v.s. rapid weight loss on body composition

and RMR: a systematic review and meta-analysis [J]. British journal of nutrition, 2020, 124 (11): 1121 - 1132.

97. BARTLETT J D, CLOSE G L, MACLAREN D P, et al. High-intensity interval running is perceived to be more enjoyable than moderate-intensity continuous exercise: implications for exercise adherence [J]. Journal of sports sciences, 2011, 29 (6): 547 - 553.

98. BIGLIASSI M, KARAGEORGHIS C I, BISHOP D T, et al. Cerebral effects of music during isometric exercise: an fMRI study [J]. International journal of psychophysiology, 2018, 133: 131 - 139.

99. BILLAT L V. Interval training for performance: a scientific and empirical practice: special recommendations for middle-and long-distance running. Part I: aerobic interval training [J]. Sports medicine, 2001, 31: 13 - 31.

100. BOERS E, AFZALI M H, NEWTON N, et al. Association of screen time and depression in adolescence [J]. JAMA pediatrics, 2019, 173 (9): 853 - 859.

101. BRELLENTHIN A G, LEE D - C. Comparative effects of aerobic, resistance, and combined exercise on sleep [J]. Circulation, 2022, 145 (1): A038.

102. BULL F C, AL - ANSARI S S, Biddle S, et al. World Health Organization 2020 guidelines on physical activity and sedentary behaviour [J]. Br J Sports Med, 2020, 54 (24): 1451 - 1462.

103. CAMACHO P M, PETAK S M, BINKLEY N, et al. American

Association of Clinical Endocrinologists and American College of Endocrinology clinical practice guidelines for the diagnosis and treatment of postmenopausal osteoporosis—2016—executive summary [J]. Endocrine practice, 2016, 22 (9): 1111 – 1118.

104. CAREAU V, HALSEY L G, PONTZER H, et al. Energy compensation and adiposity in humans [J]. Current biology, 2021, 31 (20): 4659 – 4666.

105. CASA D J, CLARKSON P M, ROBERTS W O. American college of sports medicine roundtable on hydration and physical activity: consensus statements [J]. Current sports medicine reports, 2005, 4 (3): 115 – 127.

106. Center for Disease Control and Prevention. Muscle and bone strengthening: what counts for school-aged children and adolescents? (2022 – 06 – 03) [2023 – 08 – 08]. https://www. cdc. gov/physicalactivity/basics/children/what_ counts. htm.

107. CHAABENE H, PRIESKE O, HERZ M, et al. Home-based exercise programmes improve physical fitness of healthy older adults: a PRISMA-compliant systematic review and meta-analysis with relevance for COVID – 19 [J]. Ageing research reviews, 2021, 67: 101265.

108. CHAIR J J, CLARK K, COLEMAN E, et al. Appropriate intervention strategies for weight loss and prevention of weight regain for adults [J]. Medicine and science in sports and exercise, 2001, 33 (12): 2145 –

2156.

109. CHEKROUD S R, GUEORGUIEVA R, ZHEUTLIN A B, et al. Association between physical exercise and mental health in 1.2 million individuals in the USA between 2011 and 2015: a cross-sectional study [J]. The lancet psychiatry, 2018, 5 (9): 739 - 746.

110. CHENG A, ZHAO Z, LIU H, et al. The physiological mechanism and effect of resistance exercise on cognitive function in the elderly people [J]. Front Public Health, 2022, 10: 1013734.

111. CHEN Y, CHEN Z, PAN L, et al. Effect of moderate and vigorous aerobic exercise on incident diabetes in adults with obesity: a 10 - year follow-up of a randomized clinical trial [J]. JAMA Internal Medicine, 2023, 183 (3): 272 - 275.

112. ClAUDINO J G, GABBETT T J, BOURGEOIS F, et al. CrossFit overview: systematic review and Meta-analysis [J]. Sports Med Open, 2018, 4 (1): 11.

113. CNN HEALTH. MRIs show screen time linked to lower brain development in preschoolers [EB/OL]. (2019 - 11 - 4) [2023 - 08 - 08]. https: //edition. cnn. com/2019/11/04/health/screen-time-lower-brain-development-preschoolers-wellness/index. html.

114. CRAMER H, KRUCOFF C, DOBOS G. Adverse events associated with yoga: a systematic review of published case reports and case series [J]. PloS one, 2013, 8 (10): e75515.

115. CRAMER H, KRUCOFF C, DOBOS G. The safety of yoga: a systematic review of case reports and case series on adverse events associated with yoga [J]. The journal of alternative and complementary medicine, 2014, 20 (5): A21.

116. D'AUREA C V, POYARES D, PASSOS G S, et al. Effects of resistance exercise training and stretching on chronic insomnia [J]. Brazilian journal of psychiatry, 2018, 41: 51 – 57.

117. DEGé F, PATSCHEKE H, SCHWARZER G. The influence of music training on motoric inhibition in German preschool children [J]. Musicae scientiae, 2022, 26 (1): 172 – 184.

118. DE LAMAS C, DE CASTRO M J, GIL – CAMPOS M, et al. Effects of dairy product consumption on height and bone mineral content in children: a systematic review of controlled trials [J]. Advances in nutrition, 2019, 10 (s2): S88 – S96.

119. DEL POZO CRUZ B, AHMADI M, NAISMITH S L, et al. Association of daily step count and intensity with incident dementia in 78 430 adults living in the UK [J]. JAMA neurology, 2022, 79 (10): 1059 – 1063.

120. Department of Health and Human Services. Active children and adolescents [EB/OL]. (2021 – 08 – 24) [2023 – 08 – 08]. https://health. gov/paguidelines/guidelines/chapter3.

121. DOLEZAL B A, NEUFELD E V, BOLAND D M, et al. Interrelationship between sleep and exercise: a systematic review [J].

Advances in preventive medicine, 2017.

122. DOS SANTOS M, FERRARI G, LEE D H, et al. Association of the "weekend warrior" and other leisure-time physical activity patterns with all-cause and cause-specific mortality: a nationwide cohort study [J]. JAMA intern med, 2022, 182 (8): 840 - 848.

123. DUGGAL N A, NIEMIRO G, HARRIDGE S D, et al. Can physical activity ameliorate immunosenescence and thereby reduce age-related multi-morbidity? [J]. Nature reviews immunology, 2019, 19 (9): 563 - 572.

124. FABRIS E, SINAGRA G. Physical activity in older people: better late than never, but better early than late [J]. Heart (British Cardiac Society), 2022, 108 (5): 328 - 329.

125. FAIRBROTHER K, CARTNER B, ALLEY J R, et al. Effects of exercise timing on sleep architecture and nocturnal blood pressure in prehypertensives [J]. Vascular health and risk management, 2014, 10: 691 - 698.

126. FRAGALA M S, CADORE E L, DORGO S, et al. Resistance training for older adults: position statement from the national strength and conditioning association [J]. The journal of strength & conditioning research, 2019, 33 (8): 2019 - 2052.

127. FROST H M. Wolff's law and bone's structural adaptations to mechanical usage: an overview for clinicians [J]. The angle orthodontist, 1994, 64

（3）：175 - 188.

128. GARBER C E, BLISSMER B, DESCHENES M R, et al. Quantity and quality of exercise for developing and maintaining cardiorespiratory, musculoskeletal, and neuromotor fitness in apparently healthy adults：guidance for prescribing exercise ［J］. Medicine & Science in Sports & Exercise, 2011, 43 （7）：1334 - 1359.

129. GRGIC J. Effects of music on resistance exercise performance：a narrative review ［J］. Strength and conditioning journal, 2022, 44 （4）：77 - 84.

130. GU Q, ZOU L, LOPRINZI P D, et al. Effects of open versus closed skill exercise on cognitive function：a systematic review ［J］. Front Psychol, 2019, 10：1707.

131. HA A S, NG J Y. Rope skipping increases bone mineral density at calcanei of pubertal girls in Hong Kong：a quasi-experimental investigation ［J］. Plos one, 2017, 12 （12）：e0189085.

132. HEYWARD V H, GIBSON A L. Advanced Fitness Assessment and Exercise Prescription （7th ed） ［M］. Champaign：Human Kinetics publishers, 2014.

133. HILLMAN C H, ERICKSON K I, KRAMER A F. Be smart, exercise your heart：exercise effects on brain and cognition ［J］. Nature Reviews Neuroscience, 2008, 9 （1）：58 - 65.

134. HUANG B - H, DUNCAN M J, CISTULLI P A, et al. Sleep and physical activity in relation to all-cause, cardiovascular disease and cancer

mortality risk [J]. British journal of sports medicine, 2022, 56 (13):
718 – 724.

135. HUANG T, LARSEN K T, RIED – LARSEN M, et al. The effects of
physical activity and exercise on brain-derived neurotrophic factor in
healthy humans: a review [J]. Scandinavian journal of medicine and
science in sports, 2014, 24 (1): 1 – 10.

136. HULMAN A, SIMMONS R K, BRUNNER E J, et al. Trajectories of
glycaemia, insulin sensitivity and insulin secretion in South Asian and
white individuals before diagnosis of type 2 diabetes: a longitudinal
analysis from the Whitehall II cohort study [J]. Diabetologia, 2017, 60:
1252 – 1260.

137. HUTCHINSON J C, JONES L, VITTI S N, et al. The influence of self-
selected music on affect-regulated exercise intensity and remembered
pleasure during treadmill running [J]. Sport, exercise, and performance
psychology, 2018, 7 (1): 80.

138. HUTTON J S, DUDLEY J, HOROWITZ – KRAUS T, et al.
Associations between screen-based media use and brain white matter
integrity in preschool-aged children [J]. JAMA pediatrics, 2020 (5):
174.

139. JAMES J, PRINGLE A, MOURTON S, et al. The effects of physical
activity on academic performance in school-aged children: a systematic
review [J]. Children (Basel), 2023, 10 (6): 1019.

140. JAYEDI A, SOLTANI S, ZARGAR M S, et al. Central fatness and risk of all cause mortality: systematic review and dose-response meta-analysis of 72 prospective cohort studies [J]. BMJ, 2020, 370.

141. JEBABLI N, GRANACHER U, SELMI M A, et al. Listening to preferred music improved running performance without changing the pacing pattern during a 6 minute run test with young male adults [J]. Sports, 2020, 8 (5): 61.

142. JELLYMAN C, YATES T, O'DONOVAN G, et al. The effects of high-intensity interval training on glucose regulation and insulin resistance: a meta-analysis [J]. Obesity reviews, 2015, 16 (11): 942 – 961.

143. JONAS S, PHILLIPS E M. ACSM's exercise is medicine: A clinician's guide to exercise prescription [M]. New York: Lippincott Williams & Wilkins, 2009.

144. JUNG A R, PARK J I, KIM H – S. Physical activity for prevention and management of sleep disturbances [J]. Sleep medicine research, 2020, 11 (1): 15 – 18.

145. KHURSHID S, AL – ALUSI M A, CHURCHILL T W, et al. Accelerometer-derived "weekend warrior" physical activity and incident cardiovascular disease [J]. JAMA, 2023, 330 (3): 247 – 252.

146. KIM Y, VAKULA M N, BOLTON D A, et al. Which exercise interventions can most effectively improve reactive balance in older adults? a systematic review and network meta-analysis [J]. Frontiers in

aging neuroscience, 2022, 13: 764826.

147. KLINE C E, HILLMAN C H, BLOODGOOD SHEPPARD B, et al. Physical activity and sleep: An updated umbrella review of the 2018 Physical Activity Guidelines Advisory Committee report [J]. Sleep Medicine Reviews, 2021, 58: 101489.

148. KOVACEVIC A, MAVROS Y, HEISZ J J, et al. The effect of resistance exercise on sleep: a systematic review of randomized controlled trials [J]. Sleep medicine reviews, 2018, 39: 52 - 68.

149. Kse B. Does motivational music influence maximal bench press strength and strength endurance? [J]. Asian journal of education and training, 2018, 4 (3): 197 - 200.

150. Lee S, Kimmerly D. Influence of music on maximal self-paced running performance and passive post-exercise recovery rate [J]. The journal of sports medicine and physical fitness, 2014, 56 (1 - 2): 39 - 48.

151. LI F, HARMER P, FITZGERALD K, et al. Tai chi and postural stability in patients with Parkinson's disease [J]. New England journal of medicine, 2012, 366 (6): 511 - 519.

152. LINGHAM G, MACKEY D A, LUCAS R, et al. How does spending time outdoors protect against myopia? A review [J]. British journal of ophthalmology, 2020, 104 (5): 593 - 599.

153. LUMB A. Diabetes and exercise [J]. Clinical medicine, 2014, 14 (6): 673.

154. MACKELVIE K, KHAN K, MCKAY H. Is there a critical period for bone response to weight-bearing exercise in children and adolescents? A systematic review [J]. British journal of sports medicine, 2002, 36 (4): 250 – 257.

155. MEDICALXPRESS. Is bedtime media use detrimental for sleep? [EB/OL]. (2022 – 02 – 09) [2023 – 08 – 08]. https: //medicalxpress. com/news/2022 – 02 – bedtime-media-detrimental. html.

156. MEDICINE A C O S. ACSM fitness book [M]. Human Kinetics, 2003.

157. MITTLEMAN M A, MACLURE M, TOFLER G H, et al. Triggering of acute myocardial infarction by heavy physical exertion—protection against triggering by regular exertion [J]. New England journal of medicine, 1993, 329 (23): 1677 – 1683.

158. MI Y – J, ZHANG B, WANG H – J, et al. Prevalence and secular trends in obesity among Chinese adults, 1991 – 2011 [J]. American journal of preventive medicine, 2015, 49 (5): 661 – 669.

159. NAVARRETE – VILLANUEVA D, GóMEZ – CABELLO A, MARíN – PUYALTO J, et al. Frailty and physical fitness in elderly people: a systematic review and meta-analysis [J]. Sports Medicine, 2021, 51: 143 – 160.

160. NEWS & DISCUSSION. Too much time on screens? Screen time effects and guidelines for children and young people [EB/OL]. (2021 – 08 – 5) [2023 – 08 – 08]. https: //aifs. gov. au/cfca/2021/08/05/too-much-

time-screens-screen-time-effects-and-guidelines-children-and-young-people.

161. NEWS IN HEALTH. Tai chi and your health: a modern take on an ancient practice. (2016 - 12) [2023 - 08 - 08]. https://newsinhealth. nih. gov/2016/12/tai-chi-your-health

162. NEWS. To grow up healthy, children need to sit less and play more [EB/OL]. (2020 - 04 - 1) [2023 - 08 - 08]. https: //www. who. int/news/item/24 - 04 - 2019 - to-grow-up-healthy-children-need-to-sit-less-and-play-more.

163. O'DONOVAN G, LEE I M, HAMER M, et al. Association of "weekend warrior" and other leisure time physical activity patterns with risks for all-cause, cardiovascular disease, and cancer mortality [J]. JAMA intern med, 2017, 177 (3): 335 - 342.

164. OJA P, KELLY P, PEDISIC Z, et al. Associations of specific types of sports and exercise with all-cause and cardiovascular-disease mortality: a cohort study of 80 306 British adults [J]. British journal of sports medicine, 2017, 51 (10): 812 - 817.

165. OKA T, LKHAGVASUREN B. Health-related benefits and adverse events associated with yoga classes among participants that are healthy, in poor health, or with chronic diseases [J]. BioPsychoSocial medicine, 2021, 15 (1): 1 - 13.

166. O'KEEFFE K, DEAN J, HODDER S, et al. The individual and

combined effect of hypoxia and music on physical performance [J]. Medicine & Science in Sports & Exercise, 2019, 51 (6S): 896 - 897.

167. OU K - L, WONG M Y C, CHUNG P K, et al. Effect of square dance interventions on physical and mental health among Chinese older adults: a systematic review [J]. International journal of environmental research and public health, 2022, 19 (10): 6181.

168. PALUCH A E, BAJPAI S, BALLIN M, et al. Prospective association of daily steps with cardiovascular disease: a harmonized meta-analysis [J]. Circulation, 2023, 147 (2): 122 - 131.

169. PATANIA V M, PADULO J, IULIANO E, et al. The psychophysiological effects of different tempo music on endurance versus high-intensity performances [J]. Frontiers in Psychology, 2020: 74.

170. PEDISIC Z, SHRESTHA N, KOVALCHIK S, et al. Is running associated with a lower risk of all-cause, cardiovascular and cancer mortality, and is the more the better? A systematic review and meta-analysis [J]. Br J Sports Med, 2020, 54 (15): 898 - 905.

171. PESONEN A - K, KAHN M, KUULA L, et al. Sleep and physical activity—the dynamics of bi-directional influences over a fortnight [J]. BMC Public Health, 2022, 22 (1): 1160.

172. PHYSICAL ACTIVITY AND SLEEP. How it improves sleep, additional health benefits, and why timing is crucial [EB/OL]. (2020 - 04 - 20) [2023 - 08 - 08]. https: //www. sleepfoundation. org/physical-activity

173. PIERS L S, SOARES M J, MCCORMACK L M, et al. Is there evidence for an age-related reduction in metabolic rate? [J]. Journal of applied physiology, 1998, 85 (6): 2196 - 2204.

174. POON E T, WONGPIPIT W, HO R S, et al. Interval training versus moderate-intensity continuous training for cardiorespiratory fitness improvements in middle-aged and older adults: a systematic review and meta-analysis [J]. Journal of sports sciences, 2021, 39 (17): 1996 - 2005.

175. RAMAMURTHY D, LIN CHUA S Y, SAW S M. A review of environmental risk factors for myopia during early life, childhood and adolescence [J]. Clinical and experimental optometry, 2015, 98 (6): 497 - 506.

176. Ramezanpour M, Moghaddam A, Sadifar E. Comparison the effects of listening to three types of music during exercise on heart rate, blood pressure, rating of perceived exertion and fatigue onset time [J]. Iranian journal of health and physical activity, 2012, 3 (1): 15 - 20.

177. RAMOS J S, DALLECK L C, TJONNA A E, et al. The impact of high-intensity interval training versus moderate-intensity continuous training on vascular function: a systematic review and meta-analysis [J]. Sports medicine, 2015, 45 (5): 679 - 692.

178. ROBINSON K, RILEY N, OWEN K, et al. Effects of resistance training on academic outcomes in school-aged youth: a systematic review and

参考文献 249

meta-analysis [J]. Sports medicine, 2023, 53 (11): 2095 – 2109.

179. RODRIGUES – KRAUSE J, KRAUSE M, REISCHAK – OLIVEIRA A. Dancing for healthy aging: functional and metabolic perspectives [J]. Alternative therapies in health & medicine, 2019, 25 (1).

180. SAñUDO B, DE HOYO M, MCVEIGH J G. Improved muscle strength, muscle power, and physical function after flywheel resistance training in healthy older adults: a randomized controlled trial [J]. Journal of strength and conditioning research, 2022, 36 (1): 252 – 258.

181. SCIENCEDAILY. Lack of sleep increases unhealthy abdominal fat, study finds [EB/OL]. (2022 – 03 – 28) [2023 – 08 – 08]. https: //www. sciencedaily. com/releases/2022/03/220328165327. htm.

182. SHAILENDRA P, BALDOCK K L, LI L K, et al. Resistance training and mortality risk: a systematic review and meta-analysis [J]. American journal of preventive medicine, 2022, 63 (2): 277 – 285.

183. Silva A C, Alves R C, Ferreira S S, et al. Influence of music during walking at a self-paced intensity on ratings of perceived exertion and affective responses in obese women: 2877 board #192 may 29, 2 [J]. Medicine & science in sports & exercise, 2015, 47: 785.

184. SIM M, BLEKKENHORST L C, BONDONNO N P, et al. Dietary nitrate intake is positively associated with muscle function in men and women independent of physical activity levels [J]. The journal of nutrition, 2021, 151 (5): 1222 – 1230.

185. SPEAKING OF HEALTH. Children and screen time: How much is too much? [EB/OL]. (2021 - 05 - 28) [2023 - 08 - 08]. https: //www. mayoclinichealthsystem. org/hometown-health/speaking-of-health/children- and- screen-time.

186. SRINIVAS N S, VIMALAN V, PADMANABHAN P, et al. An Overview on Cognitive Function Enhancement through Physical Exercises [J]. Brain sciences, 2021, 11: 1289.

187. STAMATAKIS E, AHMADI M N, GILL J M R, et al. Association of wearable device-measured vigorous intermittent lifestyle physical activity with mortality [J]. Nature medicine, 2022, 28 (12): 2521 - 2529.

188. STRATEGIES. The Harmful Effects of Too Much Screen Time for Kids [EB/OL]. (2019 - 11 - 4) [2023 - 08 - 08]. https: //www. verywell family. com/the-negative-effects-of-too-much-screen-time - 1094877.

189. STRICKER P R, FAIGENBAUM A D, McCAMBRIDGE T M. Resistance Training for Children and Adolescents [J]. Pediatrics, 2020, 145 (6).

190. STUTZ J, EIHOLZER R, SPENGLER C M. Effects of evening exercise on sleep in healthy participants: a systematic review and meta-analysis [J]. Sports medicine, 2019, 49 (2): 269 - 287.

191. THOMPSON W R. Now trending: worldwide survey of fitness trends for 2014 [J]. ACSM's health & fitness journal, 2013, 17 (6): 10 - 20.

192. THOMPSON W R.. Worldwide survey of fitness trends for 2015: what's

driving the market [J]. ACSM's health & fitness journal. 2014, 18 (6): 8 - 17.

193. TIDEMAN J, BOH J, JADDOE V, et al. Environmental risk factors can reduce axial length elongation and myopia incidence in 6- to 9-year-old children-sciencedirect [J]. Ophthalmology, 2019, 126 (1): 127 - 136.

194. VISIER-ALFONSO M E, SÁNCHEZ-LÓPEZ M, ÁLVAREZ-BUENO C, et al. Mediators between physical activity and academic achievement: a systematic review [J]. Scandinavian journal of medicine & science sports, 2022, 32 (3): 452 - 464.

195. VISPUTE S S, SMITH J D, LECHEMINANT J D, et al. The effect of abdominal exercise on abdominal fat [J]. The journal of strength & conditioning research, 2011, 25 (9): 2559 - 2564.

196. WEIR G C, BONNER-WEIR S. Five stages of evolving beta-cell dysfunction during progression to diabetes [J]. Diabetes, 2004, 53 (s3): S16 - S21.

197. WESTON K S, WISLøFF U, COOMBES J S. High-intensity interval training in patients with lifestyle-induced cardiometabolic disease: a systematic review and meta-analysis [J]. British journal of sports medicine, 2014, 48 (16): 1227 - 1234.

198. WEWEGE M, VAN DEN BERG R, WARD R E, et al. The effects of high-intensity interval training vs. moderate-intensity continuous training on body composition in overweight and obese adults: a systematic review

and meta-analysis [J]. Obesity reviews, 2017, 18 (6): 635 - 646.

199. WHO Guidelines Approved by the Guidelines Review Committee [M]. Guidelines on Physical Activity, Sedentary Behaviour and Sleep for Children under 5 Years of Age. Geneva: World Health Organization. 2019.

200. WILLICH S N, LEWIS M, LOWEL H, et al. Physical exertion as a trigger of acute myocardial infarction [J]. New England journal of medicine, 1993, 329 (23): 1684 - 1690.

201. WU PC, TSAI CL, WU HL et al. Outdoor activity during class recess reduces myopia onset and progression in school children [J]. Ophthalmology, 2013. 120 (5): 1080 - 1085.

202. WU Z J, WANG Z Y, GAO H E, et al. Impact of high-intensity interval training on cardiorespiratory fitness, body composition, physical fitness, and metabolic parameters in older adults: A meta-analysis of randomized controlled trials [J]. Experimental gerontology, 2021, 150: 111345.

203. YENGO L, VEDANTAM S, MAROULI E, et al. A saturated map of common genetic variants associated with human height [J]. Nature, 2022, 610 (7933): 704 - 712.

204. YOUSEFZADEH M J, FLORES R R, ZHU Y, et al. An aged immune system drives senescence and ageing of solid organs [J]. Nature, 2021, 594 (7861): 100 - 105.

205. ZHANG F, WU Y. A randomized trial of tai chi for fibromyalgia [J].

New England journal of medicine, 2010, 363 (23): 2265 – 2266.

206. ZHU X, ZHANG F, CHEN J, et al. The effects of supervised exercise training on weight control and other metabolic outcomes in patients with type 2 diabetes: a meta-analysis [J]. International journal of sport nutrition and exercise metabolism, 2022, 32 (3): 186 – 194.

207. ZHU X, ZHAO L, CHEN J, et al. The effect of physical activity on glycemic variability in patients with diabetes: a systematic review and meta-analysis of randomized controlled trials [J]. Frontiers in endocrinology, 2021, 12: 767152.